JN083221

はじめに

初めて私のもとを訪れる方には、クリニックや病院でいうところの"問診"的に、その方のバックボーンをあれこれお尋ねします。ゴルフ歴、使用クラブ、平均スコアに始まり、ラウンド頻度、得意&苦手クラブ、飛距離、持ち球……。レッスンを受ける目標を明確にし、その目標を達成するための"治療"を提供することが私の仕事だと考えているからです。

アマチュアゴルファーに最短最速で上達していただくにはどうしたらよいか? 私の頭の中は、四六時中そのことでいっぱいでした。そうして考え、研究して、5年の歳月を費やして出来上がったのが4p+2f理論です。100前後のスコアで回る方が70台を出すために必要なことは何か? から始まり、多くの統計をとり、必要なことを最大限網羅し、シンプルにまとめることができたと自負しています。結果的にプロゴルファーたちに評判が広がり、多くのプロをアドバイスすることになったのが、その証拠です。「結果が出る」「曖昧だったことがすっきりした」など、多くの悩みを解決することができました。

さて、右ページの表をご覧ください。これは今までレッスンさせていただいた全ての生徒さんの"問診"をまとめたデータのひとつです。レッスンを受けてどうなりたいかをお聞きすると、初級レベルの方のほとんどは「スイングをきれいにしたい」とおっしゃいます。きれいなスイングができるようになれば、ボールが曲がらず真っ直ぐ飛んで、スコアもよくなると考えているのです。「では、右に曲がるボール、左に曲がるボールは打てますか?」とお尋ねすると、「最初から、曲がる球なんて打とうと思いませんよ。いつも真っ直ぐ打とうとして、結果的に左右どちらかに曲がってしまうんです」というのです。

一方、中級レベルの方になると、スイングをきれいにしたいと考える方が急速に減り、左右へ曲がる球をインテンショナル(意図的)に打てる方が増えてくるのがわかります。さらにスコア78以下で回れる上級レベルでは、スイングをきれいにしたいと思う方はほとんどいなくなります。その代わり、左右だけでなく打球の高低も、100%に近い高確率でコントロールできているのです。

平均 ストローク	スイングを きれいにしたいと 思っている	方向性 コントロールが できる	高さ コントロールが できる	飛距離 コントロールが できる
120	100%	0%	0%	5%
110	95%	0%	0%	10%
100	80%	2%	0%	25%
90	60%	5%	5%	40%
80	35%	20%	15%	55%
70	5%	90%	95%	70%
60	3%	100%	100%	100%

このデータから私が確信したのは、

● 初級レベル（初心者からスコア90を切れない人）

日本のゴルファーの80％以上はこの層といわれ、スイングがきれいなら真っ直ぐな球が打てて上達すると夢見ている。ひとつのスイングでひとつの球筋を安定させようとする。テクニックがないためミスの原因がわからない。

中級レベル（スコア89〜79で回る人）

全体の15％ほどで、上達するにはスイングより球筋コントロールの重要性に気づいているが、上手く習得できていないか諦めている。覚えたテクニックをメインにして、無駄にミスをするものの、スライスやフックのミスを繰り返すことはなくなる。

上級レベル（スコア78以下で回れる人）

見た目のスイングは関係なく、必要に応じてボールを左右高低にコントロールできる。技術的ミスはほぼしなくなり、コースマネジメントを楽しんでいる。球筋の微調整に磨きをかける。

ということです。ご自分のゴルフを振り返ってお心当たりはありますか？

ゴルフは見た目のスイングや飛距離を競うのではなくスコアを競うスポーツですから、トーナメントや大会ではスコアによってのみ勝者が決まり、優劣の順番がつきます。アマチュアの場合、他者との比較は意味がないかもしれませんが、ひとりのゴルファーとしてパフォーマンスの上達度や、どのレベルに属しているかを測る基準となるのは、やはりスコアです。そしてスコアの構成要素として圧倒的に重要で欠かせないのが、球筋コントロールなのです。ちなみに、球筋コントロール力の他にはアプローチ対応力、コースマネジメント力が続きます。

　ゴルフの上達に球筋コントロールは欠かせません。上級レベルの方やプロゴルファーはそのことを痛感しているからこそ、今よりステップアップするため球筋コントロールのブラッシュアップに励んでいます。初級レベルや中級レベルの方でしたら、なおさら必要な練習です。

　なかなかそれを上手く生徒さんに伝えきれず気を揉んでいた私に、海外から入ってきた弾道測定器が光明をもたらしてくれました。トラックマン、フライトスコープといった測定器によって見えた数々の事実を科学的に説明し、球筋の公式が導き出されたのです。それがDプレーン理論（新飛球の法則）です。インパクト時のクラブフェースの向きとクラブ軌道が球筋を決めるというDプレーン理論を覚えると、打ちたい弾道をどうしたら打てるかがわかります。また、実際に自分の打ったボールがなぜそう曲がったかがわかります。そして、27種類の球筋の打ち分けができるようになります。それを実際にトラックマンやフライトスコープを持っていなくても身につけられるよう、シンプルにしたのが私の4p+2f（four plane two face）理論です。難解なゴルフスイングをできるだけ簡単に説明するため「プレーン」と「フェース」だけで表現しました。プレーンを4種類に分類し、各項目を順番に練習していきます。また、フェースを2種類に分類し、各項目を順番に練習していくことで、難しいゴルフが頭の中で正しく整理整頓できるようになります。練習方法や練習期間は多くの実験から裏付けられたものです。必ず本書に沿って順を追い練習して下さい。

本書を最後まで読み、ひとつずつ練習を終えた方は9週間で70台のスコア、つまり上級レベルに達します。球筋をコントロールできるようになって、今までとは全く違うゴルフの楽しみ、見たことのなかった景色を見つけていただけたら、こんなに嬉しいことはありません。

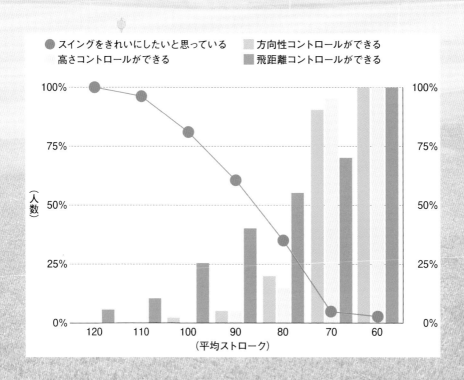

Contents

Lesson3 **<4plane+2face>で活用して
球筋を打ち分ける** ·· 79

<スタッフ>
デザイン ··········· 岡田善秀（ガッシュ・アド）崔　裕和（ガッシュ・アド）
カメラ ············· 広瀬一美
動画制作·········· 山口　稔
校正················ 上田康晴（編集office 銀杏の栞）
モデル ············· 松岡勇作
企画・編集担当 ··· 湯浅勝也

最速!ゴルフ上達「4plane＋2face」メソッド

～ボールコントロール出来れば! 70台誰でも出せる!～

「4plane＋2face」って、どういう 意味?

4プレーン2フェース(four plane two face)という理論には、スイングプレーンの4形態とクラブフェースの2形態が頻発します。スイングプレーンとクラブフェースを組み合わせてスイングをどうカスタマイズするか。4p＋2f理論の基本には下記の6つの要素があります。これらの要素は、恐らくみなさんがこれまでに見聞きした単語だったり内容だったりするでしょう。改めて理解するにあたり、難しいことはありませんし、ひとつずつなら身につけていくのもそう時間はかかりません。

- P1＝プレーンの向き
- P2＝プレーンの左右
- P3＝プレーンの角度
- P4＝プレーンの高さ
- F1＝フェースの向き
- F2＝フェースのロフト角

本書を読み進めながら練習し、6つの要素を身につけると、スイングプレーンの4形態とクラブフェースの2形態を組み合わせによって、球筋や弾道のコントロールができるようになります。また、ローポイント(最下点)がコントロールできるようになり、ミート率が上がります。

- 9種類の球筋の方向性を打ち分けられます
- 3種類の球の高さをコントロールできます
- 14本のクラブの性能に合わせた打ち方ができます
- 4種類の傾斜に適した打ち方ができます
- 自分のスイングを確立することができます
- バウンスバック率が上がります(自己診断 自己治療)

この理論を身につけずに、「ストレートボールを打ちたい」「遠くに飛ばしたい」「プロのようなスイングをしたい」というのには無理があります。例えば、ボールのライに最も適したスイングはどの組み合わせか、コース攻略に必要な弾道を打つためにどの組み合わせをすべきかを判断して実行することができるようになるのです。ボールコントロールを自在に行ない、限られた1球で最善のショットを打ち、最速で夢の70台を目指しましょう。

最速上達術「4plane + 2face」
6つのポイント

スイングプレーンとは、クラブが通る仮想の平面をいいます。

Point **1**

●P1＝プレーンの向き

仮想の面が目標方向を向くか、その右を向くか、左を向くかです。
プレーンの向きを意識的にセットすることによって、ボールの飛ぶ方向をコントロールすることができます。

Point **2**

●F1＝フェースの向き

フェース面を右に向けるか、左に向けるかで、打球の方向をコントロールすることができます。

Point **3**

●P2＝プレーンの左右

ボールに対してプレーンを左にするか、右にするかで、スイング軌道の上がり際でボールを捉えるアッパーブローになるか、下り際でボールを捉えるダウンブローになるかが変わります。これによってボールの高さをコントロールしたり、傾斜に対応することができます。

F2＝フェースのロフト角

クラブには1本1本違うロフト角が備わっています。

そのロフト角通りにクラブを構えるだけでなく、ロフトを立てて構えたり、寝かせて構えたりすることによって、同じ1本のクラブで打球の高低をコントロールすることができます。

Point

P3＝プレーンの角度

文字通りスイングプレーンの角度。角度が立つほど縦振り、寝るにしたがい横振りになります。クラブごとに適正なプレーン角度を知ることで、打つクラブが変わっても全てのクラブでジャストミートができるようになります。

Point

Point

P4＝プレーンの高さ

プレーンの角度を変えずに、体の重心の高さを変えることで、スイングの最下点を調整することができます。ティーアップしたボールを打つドライバーショットと、地面にあるボールを打つアイアンショットでは、スイングの最下点の高さを変える必要があります。高さを変えることでクラブごとに適した一点でボールをヒットできます。

match up!!

◯ P1 ＋ F1を組み合わせるとボールの方向性が上達します。

◯ P2 ＋ F2を組み合わせとボールの高さをコントロールできるのと、左足上がり下がりの傾斜が上達します。

◯ P3 ＋ P4を組み合わせるとミート率がよくなるのと、つま先上がり下がりの傾斜が上達します。

◯ P1 ＋ F1＋ P2 ＋ F2 ＋ P3 ＋ P4を組み合わせると14本のクラブに苦手がなくなります。

〈P1=プレーンの向き〉をコントロール

体の向き編

体の向きを変えることでプレーンの向きを変えることができます。プレーンの向きを変えることができるとボールの曲がる原因がわかるだけではなく、ボールを曲げてコースを攻めることができます。

スマホで見れます

「プレーンの向きのコントロール」を動画で確認!

目のライン、肩のライン、腰のライン、足のラインをすべてターゲットと平行にするとプレーンの向きはターゲットに向きやすくなります。

inside in

square

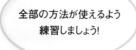

全部の方法が使えるよう練習しましょう!

7Iでは、プレーヤーからこのように見えます。
※番手によって基準は異なります(P52 参照)

2 Plane Right

体全体をターゲットより右へ向けると、プレーンの向きは右へ向きます。

スタンスで体の向きを変えるには、コンパスをイメージします。支点になるクラブヘッドを中心に体の向きを変えます。

inside out

closed stance

クローズドスタンスにしてプレーンを右に向けるには、ヘッドを支点にしてスタンスを左へ回転させます。

3 Plane Left

体全体をターゲットよりも左へ向けます。そうすることによりプレーンは左へ向きます。

inside in

open stance

オープンスタンスにするとクラブがボールを捉えるとき、アウトサイド・イン軌道に振りやすくなります。

〈P1=プレーンの向き〉をコントロール

腕の振り編

次はプレーンの向きを腕を振る方向でコントロールします。構えたときの体の向きを同じにしておき、腕の振る方向でプレーンの向きを変えるとインパクトではインサイド・アウトやアウトサイド・インといった軌道にコントロールすることができます。

1 Plane Straight

lowest point

この3パターンを
できるようにすると将来
多くの悩みが解決します。

通常のトップとフィニュッシュの高さになるとスイングプレーンの向きは、インサイド・インのストレートのプレーンになります。

通常のトップの高さ。

!スマホで見れます!

「プレーンの向きの
コントロール」を
動画で確認!

通常のフィニュッシュの高さ。

2 Plane Right

lowest point

トップが
低くなります。

両腕の動かす方向をインサイド・アウト軌道の方向へ動かすと、トップが低くフィニッシュが高くなります。そのため、プレーンは右に向きます。
※最下点（ローポイント）は右へずれます。

フィニュッシュが
高くなります。

3 Plane Left

lowest point

トップが
高くなります。

両手をアウトサイド・イン軌道の方向へ動かすと、トップが高く、フィニッシュが低くなります。そのため、プレーンは左を向きます。
※最下点（ローポイント）は左へずれます。

フィニュッシュが
低くなります。

〈P1=プレーンの向き〉をコントロール

ボールの位置編

写真は7番アイアンです。仮にあなたがインパクト周辺でのクラブの動きをインサイド・イン軌道にできたとします。そのとき、ボールを置く位置次第でボールに対する当たる瞬間のプレーンの向きが自然に変わってしまうことを理解しておきましょう。

スマホで見れます

「プレーンの向きの
コントロール」を
動画で確認！

Plane Left　　　Plane Right

outside in　　　inside out

自分ではインサイド・インに振っていても、ボールの位置でアウトサイド・インにもインサイド・アウトにも自然になってしまうんですね!!

クラブの番手によって、ドライバーのように左にボールを置くケースもあれば、ショートアイアンでアプローチショットのように右にボールを置く場合もあります。すべてのクラブで真っ直ぐなボールを打つとしたら、各番手に合わせてプレーンの向きを変え、ボールに対してインサイド・インにクラブを振る必要があります。P52〜P53で各クラブの対応の仕方を説明しますので参考にしてください。

Plane
Right

ボールを右に置くとプレーンの向きが右（インサイド・アウト）を向いた状態でインパクトになります。

Plane
Left

ボールを左に置くとプレーンは左（アウトサイド・イン）を向いた状態でインパクトになります。

〈P1=プレーンの向き〉練習法

P1-① 練習ドリル
クラブを十字に置いて素振り

クラブを十字になるよう、つま先のライン
に1本とスタンスの中央付近にもう1本
置きます。インサイド・インに10回素振り
します。次に十字を右に向けて体全体も
右に向け、プレーンを右へ向けます。それ
で、10回素振り。同じように左向きも10
回素振りしましょう。P14～P15の簡単練
習法です。

P1-② 練習ドリル
ボールを使って腕を振る方向を練習

こちらは自宅でできる練習です。ボールや
クッションを使って腕を振る方向をコント
ロールします。真っ直ぐにボールを投げ
る（5回）、右へ投げる（5回）、左へ投げる
（5回）を繰り返すと、クラブを持って振
るときに、プレーンの向きを簡単にコント
ロールできるようになります。P16～P17
の簡単練習法です。

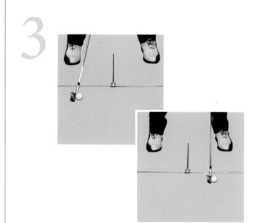

P1-③ 練習ドリル
ボールを右と左に置いて打つ練習

最初は通常のボールの位置で打ちます。
そのときの球筋を記憶しておきましょう。
次にボールを右側に置き、5球打ってみま
しょう。通常のボール位置よりも右に置
いて打った球筋は、通常よりインサイドか
らクラブが入った球筋です。次は左に置
いて5球打ちましょう。通常よりもアウト
サイドから入った球筋になると思います。
P18～P19の練習法です。

※いま、自分が使えるすべてのクラブでこの練習を
　行なってください。

〈F1=フェースの向き〉をコントロール

グリップ編

まず、フェースの向きを真っ直ぐにセットしてスクェアグリップで握れば、インパクトでフェースは真っ直ぐになる可能性が高くなります。次にフェースを真っ直ぐに向けたまま、ストロンググリップで握るとインパクトではクローズフェースになりやすく、ウィークグリップはオープンフェースになりやすくなります。

左手は2ナックル見えるくらいが基本。

Follow

Impact

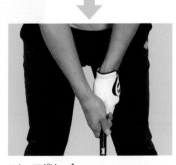

スクェアグリップ。

スクェアフェースになります。

スマホで見れます

「プレーンの向きのコントロール」を動画で確認!

握り方によってフェースの向きが影響を受け、ボールが曲がるのを理解しよう。

左手をかぶせて握る。

ストロンググリップ。

クローズドフェースになります。

これらのグリップで打ち、ボールの方向性をよく観察しよう‼

左手は浅く握る。

ウィークグリップ。

オープンフェースになります。

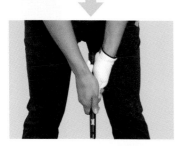

〈F1=フェースの向き〉をコントロール

クラブヘッドの置き方編

どのようにクラブを置くかがインパクト時のフェースの向きに大きく影響します。必ずしもアドレスではフェースを真っ直ぐにしなくてはいけないわけではありません。インパクトのときのフェースの向きに影響する置き方は3種類あります。フェースの向きをコントロールして、ボールの方向性を自由自在にコントロールしましょう。

Address
square face

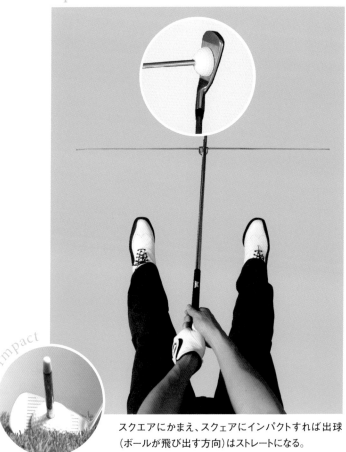

Impact

スクエアにかまえ、スクェアにインパクトすれば出球（ボールが飛び出す方向）はストレートになる。

スマホで見れます

「プレーンの向きの
コントロール」を
動画で確認!

ドライバーや7番アイアンなどでフェースをオープンにするのはスライス（右へ曲げる）ときに使いますが、サンドウェッジでオープンフェースにするときはロブショットやバンカーショットに使います。この練習を知っておくと、いろいろな場面で役に立つテクニックが身につきます。

Address
closed face

Address
open face

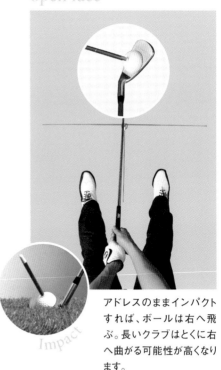

アドレスのままインパクトすれば、ボールは左に飛ぶ。そして左へ曲がる可能性が高くなります。

アドレスのままインパクトすれば、ボールは右へ飛ぶ。長いクラブはとくに右へ曲がる可能性が高くなります。

〈F1=フェースの向き〉をコントロール

手・腕の使い方編

フェースの向きは、手・腕でもコントロールできます。これを日頃から練習を
すると、ボールの方向性がコントロールできるようになります。

square face

ハーフウェイダウン（ダウンスイングでクラブが地面と平行になるポジション）からインパクト～
フォローにかけて、アームローテーション（腕を動かす動作）が通常の量。

closed face

フェースが下を向く　　　　　　　　　左回旋のアームローテーションが多い

open face

フェースが上を向く　　　　　　　　　左回旋のアームローテーションが少ない

フェースを自由自在に
コントロールできるように !!

スマホで見れます

「プレーンの向きの
コントロール」を
動画で確認!

フォロー

フェースが下を向く

右手が上

フェースが上を向く

右手が下

〈F1=フェースの向き〉練習法

F1-③ 自宅練習ドリル

ウチワを使って素振り

ウチワの片面を青、もう片面を赤にしま
す。構えはどちらの面も自分から見えない
ようにします。仮にターゲットの方向の面
を青にして、反対の面を赤だとした場合、
スイング中にずっと青が自分から見えて
いればオープンフェースです。赤がずっと
見えていればクローズフェースです。

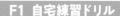

F1 自宅練習ドリル

各パートを10球ずつ練習する

打球がいつも同じ方向に飛ぶミスを繰り
返していませんか? また、例えば自分の持
ち球のフェードを打とうと思っているのに、
ドローになるというように、逆球が出てしま
う方も、この練習を全番手で行ないましょ
う。

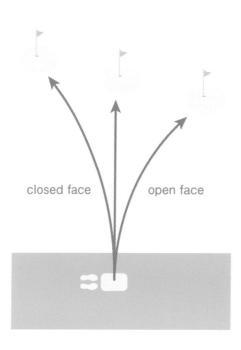

closed face   open face

1 グリップを変える
（ウィーク10球、ストロング10球）
※F1-①
2 フェースの置き方
（右向き10球、左向き10球）
※F1-②
3 手・腕の使い方
（フェースターン少ない10球、
フェースターン多い10球）
※F1-③

これらの方法を試して、自分が思った方向
にボールを曲げてみよう。フェース向きの
度合いを少しずつ変えると曲げ幅が調整
できる。大きく曲げたり、少しだけ曲げたり
してみましょう。

〈P1＝プレーンの向き〉＋〈F1＝フェースの向き〉
〈ボールが曲がる〉理由を学ぶ

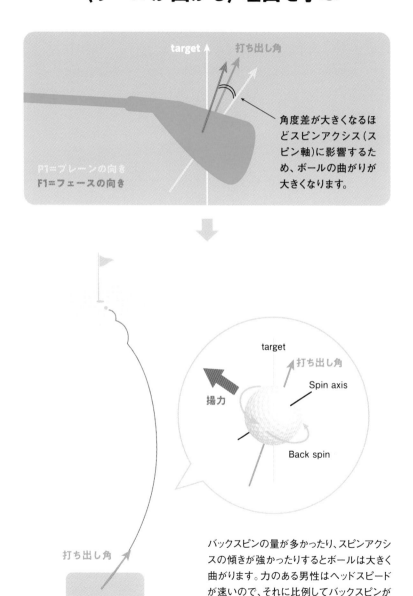

target

打ち出し角

P1＝プレーンの向き
F1＝フェースの向き

角度差が大きくなるほどスピンアクシス（スピン軸）に影響するため、ボールの曲がりが大きくなります。

target

打ち出し角

Spin axis

揚力

Back spin

打ち出し角

バックスピンの量が多かったり、スピンアクシスの傾きが強かったりするとボールは大きく曲がります。力のある男性はヘッドスピードが速いので、それに比例してバックスピンが増すため曲がりやすいのです。

〈P1=プレーンの向き〉+〈F1=フェースの向き〉
9種類の球筋
自由自在にボールをコントロールしよう!!

ここまでプレーンの向き（P1）とフェースの向き（F1）を紹介しました。
これを組み合わせると9種類の球筋が打てるので、さっそく打ち分けて
みましょう。

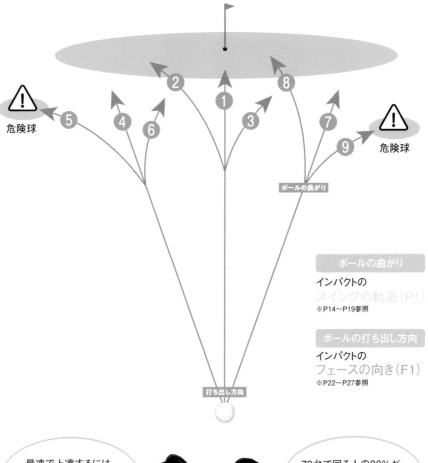

危険球

危険球

ボールの曲がり

ボールの曲がり

インパクトの
スイングの軌道（P1）
※P14〜P19参照

ボールの打ち出し方向

インパクトの
フェースの向き（F1）
※P22〜P27参照

打ち出し方向

最速で上達するには、
ボールコントロールする
練習が必要です。

70台で回る人の90％が、
この9種類の球を
簡単に打てます。

Impact

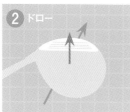

2 ドロー

P1 インサイド・アウト
F1 スクェア

1 ストレート

P1 ストレート
F1 スクェア

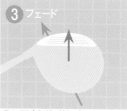

3 フェード

P1 アウトサイド・イン
F1 スクェア

5 プルフック

P1 インサイド・アウト（フェースに対し）
F1 クローズド

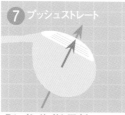

4 プルストレート

P1 アウトサイド・イン
F1 クローズド

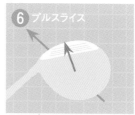

6 プルスライス

P1 アウトサイド・イン
F1 クローズド

8 プッシュフック

P1 インサイド・アウト
F1 オープン

7 プッシュストレート

P1 インサイド・アウト
F1 オープンド

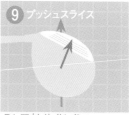

9 プッシュスライス

P1 アウトサイド・イン（フェースに対し）
F1 オープン

\\スマホで見れます//

「プレーンの向きの
コントロール」を
動画で確認!

P14〜P27の方法を使って自分のやりやいす組み合わせを
見つけていきましょう!!

〈P2=プレーンの左右〉をコントロール

ボールの位置編

クラブはルール上14本まで持つことができます。それぞれ役割があります。その役割を果たすために入射角があります。入射角はボールの位置と連動して入り方が変わります。ボールの位置を変えてプレーンの左右をコントロールできるようになると、入射角をコントロールして14本のクラブの性能通り打てます。または、球の打ち出し角やバックスピンや左足上がり下がりでコントロールできるようになります。トップやダフリのミスの原因もわかるようになります。

lowest point

ボールに対して、プレーンの左右位置をいつも確認しましょう。

自分がプレーンの左右を変えなくても、ボールの位置を変えるとプレーンの左右位置を変えたのと同じことになります。

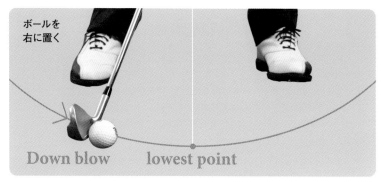

最下点がボールより左にある場合は、ダウンブローの入射角になります。

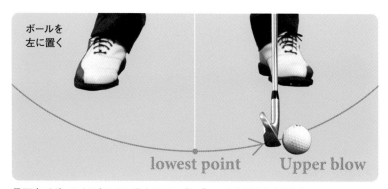

最下点がボールより右にある場合はアッパーブローの入射角になります。

スマホで見れます

「プレーンの向きの
コントロール」を
動画で確認!

〈P2=プレーンの左右〉をコントロール

左右の体重配分編

アドレス時の体重をどのようにするかで、スイングプレーン位置が変わってきます。仮に体重配分を左右の足に5対5にします。そこを中心に左足に体重を多くかければ、プレーンは自然と左へズレます。反対に、右足に多くの体重をかければ、プレーンは右へとズレます。ボール位置が同じでも、体重配分でダウンブロー、アッパーブローのコントロールが可能になります。

6：4
アッパーブロー

手と第7頸椎はボールの位置よりかなり右

5：5
レベルブロー

第7頸椎はボールの位置よりやや右

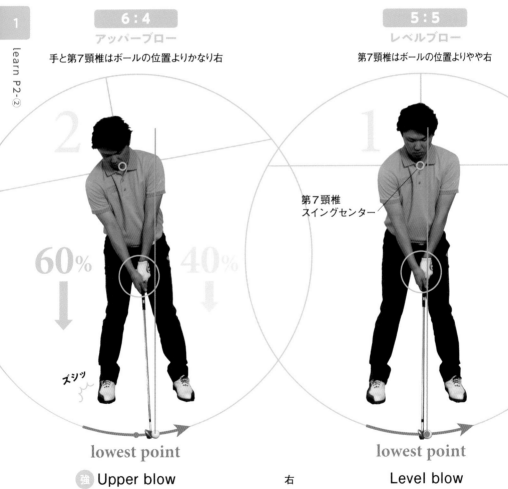

第7頸椎
スイングセンター

60% 40%

ズシッ

lowest point
lowest point

強 Upper blow　　　右　　　Level blow

034

Point

1～3で気をつけるのは、アドレスとインパクト時の第7頸椎を同じ位置にすること。

第7頸椎

Advice

第7頸椎がスイングプレーンの中心部分となります。

4 : 6
ダウンブロー

手と第7頸椎はボールの位置よりだいぶ左

スマホで見れます

「プレーンの向きのコントロール」を動画で確認!

3

40% 60%

ズシッ

lowest point

左　　　Down blow

〈P2＝プレーンの左右〉をコントロール

背骨の傾き編

背骨を傾けることで、スイングプレーンの中心である第7頸椎の位置が
ズレます。右へ傾けるとプレーンは右ヘズレ、ボールに対してクラブの
入射角はアッパーブローになります。左へ傾けるとプレーンは左にズレ、
ボールに対してクラブの入射角はダウンブローになります。

※ボール位置を同じところに置いていることを条件としてます。

0°

入射角が鋭角

背骨の傾きはなく、ほぼ垂直

4°

ノーマル

背骨の傾きは約4度

Down blow

- 7番アイアンでフェードを打ったとき
- バックスピンをかけるとき
- 低い球を打つとき

- 7番アイアンの通常アドレス
- 7番アイアンでストレートボールを
  打ったとき

ゴルフは、
ちょっとの差が大きい

8°

スマホで見れます

「プレーンの向きの
コントロール」を
動画で確認!

入射角が鈍角

背骨の傾きは約8度

クラブ性能に
合わせることができます。

Upper blow

- ドライバーの通常アドレス
- 7番アイアンでドローボールを打つとき
- バックスピンを減らすとき
- 高い球を打つとき

〈P2＝プレーンの左右〉練習法

クラブの基本性能に合わせることが、最速上達のカギ

クラブ	PT	SW	7I
14本のクラブを鏡でチェック			
P2-① ボールの位置	センターより左	中	センターより左
P2-② 体重配分	5 対 5	4.5 対 5.5	4.5 対 5.5
P2-③ 背骨の傾き	2 度	3 度	4 度
通常入射角	少しアッパー	ダウンブロー	少しダウンブロー

P2-1　ボール位置
P2-2　体重配分 ──┐── 鏡でポイントをチェックしてみよう!!
P2-3　背骨の傾き ──┘

UT	FW	1W
センターより左	左	左
5 対 5	5 対 5	6 対 4
5 度	6 度	8 度
レベルブロー	レベルブロー	アッパーブロー

〈F2=フェースのロフト角〉をコントロール

ボールの位置編

ロフト角はボールの高さ、飛距離、バックスピン量に関係してきます。ボールの打ち出し角は、70〜80%ロフト角、20〜30%は入射角で決まります。ボールの位置を右に置くと、ロフト角が立ち、球が低く打ち出されます。反対に左に置くと、ロフト角が寝て、球が高く打ち出されます。

7番アイアンのボール位置を通常ロフト。

> P18〜P19でも、ボール位置について説明しました。ボールを右へ置くとロフト角が立ちますが、同時にプレーンが右に向いているのと同じインサイド・アウトの現象が起こります。覚えておきましょう。

通常よりボールを右へ置くと、ロフトが立った状態に

「プレーンの向きのコントロール」を動画で確認!

通常よりボールを左へ置くと、ロフトが寝る状態に。

〈F2＝フェースのロフト角〉をコントロール

フェースの向き編

グリップの位置を変えず、フェースを右に向ける（スライス）＝ロフトが寝て打球は高くなる、フェースを左に向ける（フック）＝ロフトが立って打球は低くなる、と覚えよう。

長いクラブ フェースを右に向けているとスライスが簡単に打つことができます。同時にロフトが寝るので、高い球が出ます。

短いクラブ フェースを右に向けると、大きなスライスは出にくくなりますが、ロフトが寝ているので高い球が出てグリーンにボールを止めやすくなります。

長いクラブ フェースを左へ向けるとフックしますが、同時にロフトが立ち低い球が出ます。

短いクラブ フェースを左に向けると大きく左へフックします。同時にロフトも立ちますので、低い球が出ます。グリーンでは通常のショットよりボールのランが増えます。

╲スマホで見れます╱

「プレーンの向きのコントロール」を動画で確認！

クラブの長さやロフト角に対する各クラブの特徴を理解しましょう!!

〈F2=フェースのロフト角〉をコントロール

グリップの位置編

アドレス時のボールの位置とフェースの向きを変えず、手の位置だけ通常より左にずらします。それによって、フェースのロフト角が立ち、低い打球になります。反対に通常より手の位置をやや右へセットすると、ロフト角が寝るので打球は高くなります。

Lesson

1

learn F2-③ & match up P2+F2

スマホで見れます

「プレーンの向きのコントロール」を動画で確認!

hands forward

ロフトが立つと低い球になる

hands back

ロフトが寝ると高い球になる

一般にhands forward（ハンズファースト）が正しいと言われますが、プロは、hands back（ハンドレイト）をわざとやることがあります。どれも間違いではありません。

〈P2プレーンの左右〉 + 〈F2フェースのロフト角〉

バックスピンの原理を学ぶ

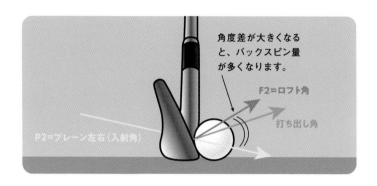

角度差が大きくなると、バックスピン量が多くなります。

F2=ロフト角

打ち出し角

P2=プレーン左右（入射角）

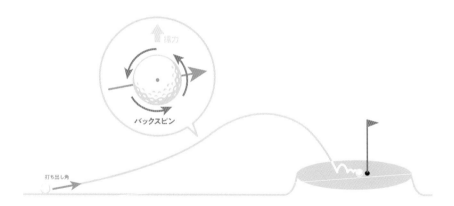

揚力

バックスピン

打ち出し角

バックスピンには入射角とロフト角の角度差が大きく影響します。他にもクラブの溝やボール、ライ、水分、風、ヘッドスピードなどにも影響を受けます。

〈P2=プレーンの左右〉+〈F2=フェースのロフト角〉
バックスピン量のコントロール方法

プレーンの左右（P2）のコントロールは、インパクト時の入射角に影響します。P2入射角と、F2のロフト角を組み合わせると、バックスピン量に変化がでます。バックスピン量はボールの曲がりだけでなく、飛距離にも関係してきす。

通常のバックスピン量

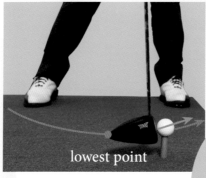

lowest point

ドライバーの場合
わずかなアッパーブローの入射角（P2）
＋
通常ロフト（F2）

2

バックスピン量少ない

lowest point

アッパーブローの入射角（P2）
＋
ロフト立てる（F2）

3

バックスピン量多い

lowest point

ダウンブローの入射角（P2）
＋
ロフトを寝かせる（F2）

P32〜P42の方法を組み合わせて、自分が一番やりやすい方法を見つけ
ましょう!!

〈P2＝プレーンの左右〉＋〈F2＝フェースのロフト角〉
３種類の球の高さ

どの打ち方が飛ぶのか？ どの打ち方が当てやすいのか？ 自分に合う打ち方や弾道を見つけよう。日によって人間の感覚は変わります。その日の状態に適した打ち方で対応することが大切です。写真は1Wですが他のクラブでもやってみましょう!!

「プレーンの向きのコントロール」を動画で確認！

スマホで見れます

高弾道 アッパーブローだと出球は高くなる

アッパーブロー
＋
ロフトが寝る

ロフト角
入射角

中弾道 レベルブローは中弾道

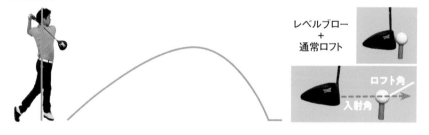

レベルブロー
＋
通常ロフト

ロフト角
入射角

低弾道 ダウンブローなら出球は低くなる

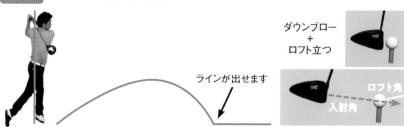

ラインが出せます

ダウンブロー
＋
ロフト立つ

ロフト角
入射角

〈P1＝プレーンの向き〉＋〈F1＝フェースの向き〉
＋
〈P2＝プレーンの左右〉＋〈F2＝フェースのロフト角〉
最も高い球と最も低い球

P1＋F1とP2＋F2を組み合わせると、最も高い球と最も低い球の打ち分けができるようになります。この2つの打ち方がわかると、その中間にある中弾道のストレートボールが打てるようになります。

ロフトを立てる要素を多く入れます。

最も低いドロー

林の中から、木の下を
打っていく時などに有効

①ボールを右に置く
②フェースは左に向ける
③グリップ位置は左
④左体重
※40〜41ページ参照（F2の要素）
⑤体の向きを右へ向ける

Impact loft

最も高いフェード

バンカーショット、
崖下などから有効

①ボールを左に置く
②フェースは右に向ける
③グリップ位置は右
※アッパーブローのイメージ
④右体重
⑤体の向きを左へ向ける

Impact loft

〈P2＝プレーンの左右〉＋〈F2＝フェースのロフト角〉
左足上がりと左足下がりに応用

傾斜に沿って立ち、傾斜に沿ってクラブを振るポピュラーな打ち方を身につけましょう。

左足上がり

Address 1

P2

F2

Impact 2

打ち出し角

Follow 3

左足上がりの傾斜は、〈P2＝プレーンの左右〉を使って体重配分を変える、〈F2＝フェースのロフト角〉については傾斜に合わせてロフトを寝かせることを意識しましょう。アドレスでは傾斜なりに右足体重で背骨を右に傾けます。クラブの軌道は傾斜にそって振ります。またロフトが寝るので打球が高くなります。その分距離は出ませんので、大きめのクラブを選択しましょう。

Address 1

プレーンが地面の傾きに合わせて変化します。ボールに対する入射角は平地と同じですね。

左足下がりの傾斜は、左足上がりの傾斜と反対に構えます。P2＝体重配分を左足に多くかけ、F2＝傾斜に合わせてロフトを立てるようにします。クラブを傾斜なりに振るため、打球の打ち出し角が低くなります。ランが出て距離が出るぶん小さめのクラブを選択しましょう。

Follow 2

傾斜のショットはコースに出ないとなかなか練習ができません。そこで工夫が必要になるのですが、例えば、左足上がりなら練習場でティーアップを一番高くし、左足上がりのときのアドレスをとってボールを打ってみます。ポイントは体を右に傾け、自然とロフトが上を向いた状態を作ることです。ボールをアッパーブローに打つときの感覚が掴めます。反対に左足下がりの場合は、左体重で構え、左に体を傾けて同じようにティーアップしたボールを打っていきましょう。

〈P1＝プレーンの向き〉＋〈F1＝フェースの向き〉
＋
〈P2＝プレーンの左右〉＋〈F2＝フェースのロフト角〉

14本のクラブで1球目から
ナイスショットを打つには

打球の高さはもとよりショットをクラブのスイートエリアで打つためには、それぞれのクラブに適したインパクトポイント＝打点が大切です。これまでも説明しましたが、ティーアップされたボールを打つドライバーショットは、軌道の最下点を過ぎた上がり際でアッパーブローにボールを打っていきます。パターもややアッパーブロー気味です。それ以外は地面にあるボールを打つため、最下点より先でボールを打つことは想定しません。もし軌道の最下点を過ぎてインパクトを迎えたら、ボールより先に地面にクラブが触れてダフってしまうからです。ドライバーの次に長いクラブであるフェアウェイウッドでは、最下点よりボール半個分くらい右でボールをヒットします。ミドルアイアンはそれよりボール1個分右、ショートアイアンはさらにボール1個分右です。その分クラブはより鋭角に上から下りてきて、軌道の下り際でダウンブローにボールを捉えられるのです。

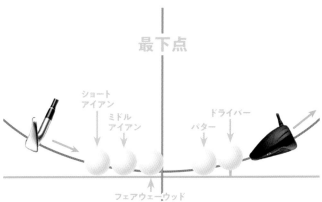

最下点

ショート
アイアン

ミドル
アイアン

ドライバー

パター

フェアウェー・ウッド

advice

○ 知っていますか？　なぜ、入射角をかえるのか？
理由はバックスピンの量を変える必要があるからです。1Wは飛ばすことが目的なので他のクラブよりバックスピン量が少なくてよい。そうするとランが増えます。7IやSWはバックスピン量を増し、ランが減り、グリーン上でボールが止まります

番手によって最下点は全部違うんですね〜。

クラブの各番手の基本性能に合わせると細かく変える必要があるんですよ。でも、方法論がわかれば結構簡単です。

そうなんですか！それを聞いて安心しました。

スマホで見れます

「プレーンの向きのコントロール」を動画で確認！

4plane＋2faceはそれぞれを簡単に解決してくれる最先端ゴルフ理論です。

〈P1=プレーンの向き〉+〈F1フェースの向き〉
+
〈P2=プレーンの左右〉+〈F2=フェースのロフト角〉

14本のクラブで、1球目から、
真っ直ぐで最適な飛距離を出す工夫

通常のドライバーショットはボールを左かかと前方よりボール半個分くらい右に置き、若干クローズドスタンスに立ちます。ボールは最下点より左にあるのでインサイド・アウト軌道でアップ—ブローにボールを捉えます。しかし、ボールが左にある分インサイド・アウトの軌道は相殺されて実際にはインサイド・インの軌道になり、ほぼストレートに近い球筋になります。これを基準にすると、クラブが短くなればなるほどボール位置は右へ、スタンス幅は右足を少しずつスクェアに、その後オープンにしながら左へ寄せるように狭くなっていきます。ミドルアイアンでスクェアスタンス・ダウンブロー、ショートアイアンだと最もオープンスタンスになり、ボールはスタンス中央です。もしショートアイアンなのに普通のスクェアスタンスでダウンブローにボールを打ったら、軌道はインサイド・アウトになってドローしか出なくなってしまいます。そうならないようオープンスタンスにすることで相殺しているのです。

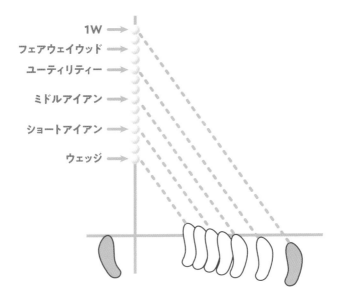

1W →
フェアウェイウッド →
ユーティリティー →
ミドルアイアン →
ショートアイアン →
ウェッジ →

ドライバー

Plane
Right

ドライバーショットは高い
球の要素（P2）とドローボール
（P1+F1）を打つ要素を入れな
いと真っ直ぐに飛びません。

Upper
blow

lowest point

ショートアイアン

Plane
Left

反対にショートアイアンの
ショットを真っ直ぐ飛ばすには、
低い球（P2）の要素とフェード
ボール（P1+F1）を打つ要素を
入れないといけません。

Down
blow

lowest point

〈P3=プレーンの角度〉をコントロール

前傾の角度編

ラウンド中は、距離の関係だったりトラブルに見舞われたりして、ドライバーの後にショートアイアンを使うことがあります。また、通常はショートアイアンのショットでそのホールを終えたら（パットはしますが）、次のホールではいきなりドライバーを使います。実は、このようなときにチョロやダフリといったミスが多いのです。その原因は、前に使ったクラブの前傾姿勢をそのまま次のショットでも行なっているからです。14本それぞれに対応して変えていないのです。

5°

1WとSWの
前傾角の差は5度です。
この差が大きい!!

14本のクラブは全て長さが違うため、体との距離も違うし、スイング軌道も変わってくる。クラブごとに調整するカギは前傾姿勢だ。長いクラブほどボールから離れて前傾角は浅く立ち、短いクラブほどボールに近づいて前傾角を深くとる

1W　FW　UT　7I　SW　PT

＼スマホで見れます／

「プレーンの向きの
コントロール」を
動画で確認!

Flat

- 前傾が浅いとプレーンはフラットになる
- ドラバーショットに適している
- つま先上がりの傾斜から打つのに最適

ドライバーは前傾
角を浅く、ですね!

はい、それによってフラットな軌道になります。

Upright

- 前傾が深いとプレーンはアップライトになる
- ショートアイアンのショットに適している
- つま先下がりの傾斜から打つのに最適

ショートアイアンは
前傾を深くとります。

そうです! だから
アップライトに
上がりやすいんです。

〈P3＝プレーンの角度〉をコントロール

手首の角度編

手首のジョイントでプレーンの角度を変えてみよう!!

手首の角度をアドレスやインパクトで変えることで、プレーンの角度が変わり、最下点の高さも変わります。どんな状況でもダフリやトップをすることなく、ナイスショットを打つことができるようになります。

プレーンをアップフラットにする

ダウンスイングで手首を伸ばすと、スイングプレーンはアップライトになります。ヘッドが落ちる分ダフリやすいので、意識的にダフル打ち方をするバンカーショットには有効。トップが多いときに、このイメージでインパクトするとトップが出にくくなります。

プレーンをノーマルする

インパクトのときは、手首の角度は伸びきらずに、少し角度がついています。

プレーンをフラットにする

ダウンスイングで手首の角度を大きくつけたままインパクトすることでプレーンはフラットになります。つま先上がりの傾斜では、この手首のイメージが有効です。ダフリが多く出ているときに、このイメージにするとダフリが出にくくなります。

ちょっとしたことで
変わるんですね!

同じクラブでも、手首の
角度でクラブのライ角を
変えることができます。

Upright

Flat

スマホで見れます

「プレーンの向きの
コントロール」を
動画で確認!

------- フラットプレーンの特徴
- つま先上がりで有効
- トップが出やすい

------- アップライトプレーンの特徴
- バンカーショットやつま先下がりで有効
- ダフリやすい

〈P3=プレーンの角度〉練習法

壁、床に発泡スチロールのボールを貼り、自宅で傾斜練習

壁に発泡スチロールボールを貼り付け
プレーンの角度を変える練習をしましょう。

つま先上がり

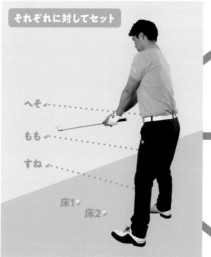

それぞれに対してセット

へそ
もも
すね
床1
床2

普通

つま先下がり

70台のスコアで回るには、傾斜でも大きなミスをしない
ことが絶対条件です。ただ、大切なのはわかっていても、
練習できる環境がないのが現実。今回は工夫すれば自
宅でも傾斜のよい練習になる方法を紹介します。写真
のように発泡スチロールのボールを両面テープで貼りま
す。室内練習用の短いクラブや通常のクラブを短く握り
ます。ボールとヘッドの距離を約20センチ離して素振り
します。プレーンの角度（P3）をコントロールすれば、つま
先上がり、つま先下がりのショットが上達します。

1

2

3

Address

Impact

重力で
少し下がる

つま先上がりの度合いが強くなるにつれて腕とシャフトが地面に水平になっていきます。それに比例して腕とクラブに大きく重さがかかり、アドレスよりインパクトでヘッド1個分ぐらい下がりやすくなりますので、この練習をすると、つま先上がりはダフリやすいことがわかりますので素振りをすると、インパクトの残像が見えます。ズレのある分、ボールより上にクラブを振る意識を持ちましょう。

〈P4=プレーンの高さ〉をコントロール

重心の高さ

体の重心の高さでプレーンの高さを変える!!

プレーンの高さ(P4)は、プレーンの角度(P3)を変えずに、体の重心の高さを変えてプレーン全体の高さを変える方法です。これができると足場とボールの高さが違うつま先上がりや下がりで、ダフリやトップをすることなく打てるようになります。また、平地でもダフリやトップが多い人は、プレーンの高さを変えることができれば、解決する場合もあります。使用するクラブの長さでも、プレーンの高さを変える必要があります。

重心が高い
（1W・つま先上がり）

通常の重心の高さ
（7I・平地）

重心はやや低い
（ショートアイアン・アプローチ）

重心は低い
（SWでのバンカーショット・つま先下がり）

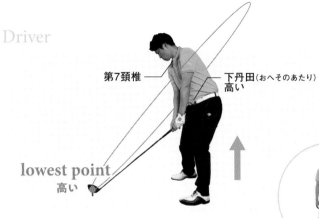

Driver

第7頚椎 ——

—— 下丹田（おへそのあたり）
高い

lowest point
高い

下半身のそれぞれの関節の曲がりが少ないぶん最下点が高くなるため、地面にヘッドをつけない1Wに最適です。

Sand shot

—— 下丹田（おへそのあたり）
低い

第7頚椎 ——

lowest point
低い

下半身のそれぞれの関節の曲がりが多いので最下点が低くなるので、ダフらせるバンカーショットには最適です。

スマホで見れます

「プレーンの向きのコントロール」を動画で確認!

これができると、ダフリやトップを修正できるようになります。
ダフるときは重心を上げ、プレーンを高く。
トップするときは重心を下げプレーンを低くします。

match up P3+P4

〈P3＝プレーンの角度〉＋〈P4＝プレーンの高さ〉
傾斜地 (つま先上がり、下がり) を攻略

つま先上がりの構えと打ち方

flat　P3　前傾が浅い

第7頸椎を
高く維持する

下丹田

P4

高

低

足場より高い位置にあるボールに対して構える
ため、前傾姿勢はP3は浅くなります。足首、ヒ
ザ、股関節すべての関節を少しずつ浅く曲げ
てP4を合わせましょう。この状態からクラブを
振ればスイングプレーンの角度はフラットになり
ます。大半の人がボールの下を振ってダフリし
やすいので、ボールの上部を打つイメージを持
ちましょう。

つま先下がり

P3
前傾深い
第7頚椎
Upright
P4
下丹田を
低く
高
低

足場より低い位置にあるボールに対して構えなければならないので、前傾姿勢は深くなります。足首、ヒザ、股関節すべての関節を少しずつ深く曲げて重心を低く保ち、プレーンの高さを合わせましょう。この状態からクラブを振ればスイングプレーンの角度はアップライトになります。ボールが遠いうえ、アドレス時の前傾姿勢や体の重心の高さを打ち終わるまで保てなければ、クラブヘッドがボールに届かなくなってしまいます。ほとんどの人がトップしてしまうのはそのためです。そのようなミスをしないよう、深く低く構えた姿勢をキープしましょう。

つま先上がり 練習場にて

スイングプレーンの高さを最も高くする練習は通常の練習場でできます。一番高い高さにティーアップしましょう。自然と前傾は浅くなり、いつもよりフラットにクラブを振るようになります。ティーを打たないように気をつけてボールだけクリーンに打ってみましょう。

GOLFコラム

ギア効果とは？

　ドライバーのヘッドは重心を中心に回転してインパクトを迎えます。インパクトではクラブの芯の位置にボールが当たらなかった場合、ボールに反作用の回転を与えます。この噛み合ったギア同士が生み出す反作用をギア効果といいます。例えば、トゥ側（先端部分）でボールを打つと、ヘッドは時計回りの右回転になり、打球には反作用の左回転がかかってフックします。ヒール側（シャフトの付け根）でボールを打つと、ヘッドは左回転し、ボールには反作用の右回転がかかりスライスします。また、フェース上部に当たるとプレーヤーの正面から見てヘッドは反時計回りの回転をするため、ボールにはバックスピンを相殺する時計回りの回転がかかりバックスピン量は少なくなります。一方、フェース下部で打った場合はヘッドが時計回りをし、ボールには反作用としてバックスピンと同じ向きの回転がかかりバックスピンが増幅します。

　例えば、アウトサイド・イン軌道で、インパクトはオープンフェースになれば本来はスライスの回転がかかるのが普通ですが、それはスイートスポットやヒール側に当たっているときの話です。もしトゥ側に当たれば、本来スライスするはずのボールがギア効果によりフックする場合があります。本書では出現しない項目ですが、自分ではスライスを打ってるつもりがフックしてしまう可能性があるのです。常に「クラブフェースのどこに当たったか」を確認して練習することが大事です。

芯の高さ

ギア効果⦿

「4plane+2face」を活用して自己診断 自己治療

P3F1

〈P3＝プレーンの角度〉〈F1＝フェースの向き〉
芯に当てる確率を上げる

ボールに当たらない人は、
クラブフェースの打痕を自己診断

アマチュアゴルファーの多くは、芯の位置に対してトゥ（先端）の上、ま
たはヒール（シャフトの付け根）の下に打痕が集中している人が多いです。
プロや上級者はクラブの芯に当てます。芯以外の位置に打痕がある人は
P3（プレーンの角度）とF1（フェースの向き）を確認してください。

理想の打点

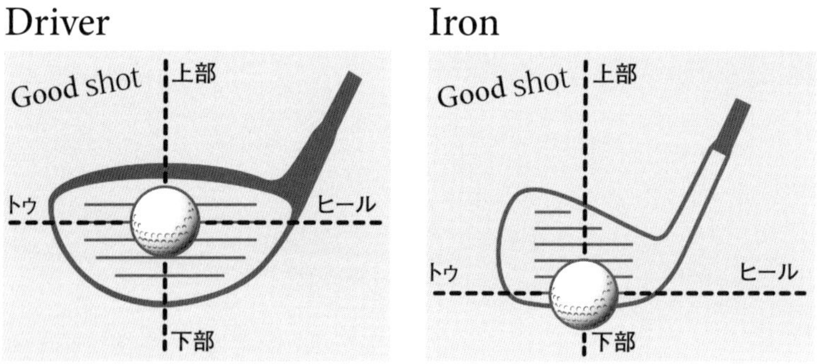

Driver

Good shot　上部

トゥ　　　　　　　ヒール

下部

ドライバーの芯

Iron

Good shot　上部

トゥ　　　　　　　ヒール

下部

アイアンの芯

ドライバーもアイアンも芯でボールを捉えることができれば、飛距離も方向性も、バックスピン量も
最適なものとなります。練習中もラウンド中も常に芯に当たっているか？　一球一球確認しないと上
達は遅れます。

トゥ上部ヒットのミスショット

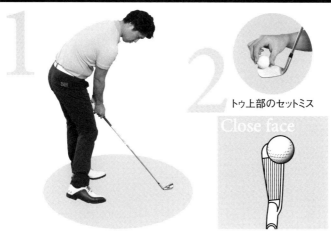

トゥ上部のセットミス

Close face

トゥ上部に当たってしまう理由は2つ。
①アドレスよりインパクトで、前傾角が深くなり、プレーンがアップライトになると、フェースのトゥの上部に当たる(P3)。
②アドレスよりインパクトで、クローズフェースになるとトゥの上部に当たってしまう(F1)。

ヒール下部ヒットのミスショット

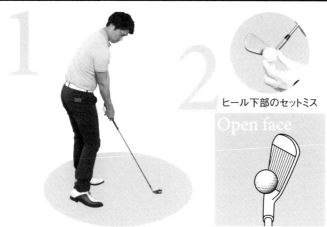

ヒール下部のセットミス

Open face

ヒール下部に当たってしまう理由は2つ。
①アドレスよりインパクトで前傾が浅いと、プレーンがフラットになりヒールの下部に当たる(P3)。
②アドレスよりにインパクトでオープンフェースになってしまうとヒール下部に当たりやすくなる(F1)。

ミスの理由がわかれば、修正は簡単になります!!

P3

〈P3=プレーンの角度〉をコントロールして
ドライバーの芯でボールを打とう!!

ドライバーのようにティーアップをしたボールは、アドレスとインパクトで誤差が出やすいのを知っていますか？ アイアンなどの地面から打つクラブは、アドレスとインパクトのヘッドの高さが同じため誤差が出にくいのですが、ドライバーはアドレス時にヘッドを地面におきます。インパクト時はヘッドの高さは地面から3センチぐらい上がります。そうするとヒールに当たり、スライスしたり、飛距離も出ません。P3をコントロールして1Wの芯に簡単に当てるコツをアドバイスします。

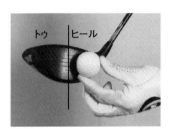

私の調査では、アマチュアゴルファーの約80％がヒールにボールが当たってしまっています。あなたは、どこに当たっていますか？

ヒールに当たる理由

Address

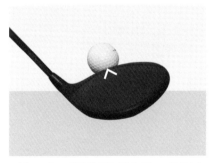

アドレスでヘッドを地面に置き、フェースのセンターにボールを置く。このままインパクトするとテンプラになってしまいます。

Impact

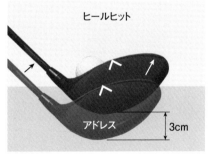

インパクトではテンプラにならないよう、ヘッドを3センチ浮かせたところでインパクトをするとヒールに当ってしまいます。

ヒールに当てないための方法

Address

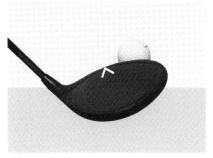

ドライバーでヘッドを地面につけて、トゥに構えるとよいでしょう。

Impact

トゥで構えると、インパクト時にフェースのセンターに当たります。

Address

Impact

ティーアップしている球の高さにドライバーを合わせる必要があります。インパクト時、アドレスより3センチヘッドを上げるため、P3の前傾角度をわずかに起こす必要があります。前傾を起こすとクラブは図の矢印の方向に上昇します。

4P+2F

4P+2Fを応用して、ダフリ、トップをなくそう!!

ダフリ、トップの大きな理由は、ボールに対するプレーンのズレ

ダフリ、トップは簡単にいいますと、各クラブが最適なlowest Point（最下点）を通過していない状態をいいます。最下点のズレに関係しているのはボールに対するプレーンのズレが原因です。本書で紹介してきたプレーンのコントロール4種類（P1、P2、P3、P4）を使って、ダフリ、トップを自分の力で直せるようにしましょう!!

1 P1〈プレーンの向き〉とダフリ、トップの関係

プレーンが右方向にズレている

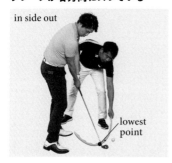

in side out

lowest point

in side in

lowest point

写真はフラフープを半分にしたものを、プレーンの向き（P1）に見立てるとよくわかります。ダフリ、トップはプレーンの向きと非常に深い関係があるのです。プレーンの向きが右を向くとボール

の位置よりも最下点が右にきてしまいます。ダフリもトップも両方出てしまいます。ただ、ボールの位置を最下点と同じくらい右へずらすと当たるようになりますが、インサイド・アウトなので、真っ直ぐなボールを打つことはできません。通常のボール位置で当てるにはインサイド・インへの調整が必要です。

プレーンが左方向にズレている

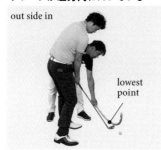

out side in

lowest point

通常のボール位置で、プレーンの向き（P1）を左へ向けるとクラブの最下点はボールの左へズレます。こちらはダフリにくいのですが、トップが多くなります。ボールを左足寄りに置いている人は、このアウトサイド・インがよく当たります。アウトサイド・インでよく当たる人は、真っ直ぐなボールを打つことはできません。

P3<プレーンの角度>、P4<プレーンの高さ> とダフリ、トップの関係

平地でダフリのミスが多発する原因は、プレーンの角度（P3）が理想より縦振りで、プレーンの高さ（P4）が低いときに起こりやすくなります。逆に、プレーンがフラットでプレーンの高さが高い場合はトップになります。スイング中にスピードを出すと、クラブには円心力が働きます。その円心力は、背骨の直角方向に働きます。

ダフリ

プレーンが縦にズレている

よくダフリの出る人は、このようなアドレスになっていませんか？ スマホで写真を撮り確認してみましょう!!

オンプレーンでナイスショット

飛距離と方向性を両立できる万能の
アドレス

トップ

プレーンが横にズレている

トップが多く出る人はこのような
前傾の浅い、重心の高いアドレスになって
いませんか？

3 P2<プレーンの左右>とダフリ、トップの関係

プレーンの左右（P2）のズレが大きいことで、ダフリ、またはトップのミスを多発する危険性があります。プレーンの左右（P2）がズレると、lowest point（最下点）もズレてミスショットにつながります。

プレーンが左にズレ 最下点が左過ぎるミス

Address

Impact

写真は7番アイアンです。第7頸椎とグリップがスイングプレーンの左右（P2）を決めています。インパクト時にグリップ位置や第7頸椎がボールより左にズレると、lowest point（最下点）はボールの先になり過ぎて、トップのミスが出やすくなります。

プレーンが右にズレ
最下点が右過ぎるミス

Address

Impact

第7頚椎

グリップ
ポジション

lowest point

写真のようなアドレスを7番アイアンで行なっていると、上手に打てれば高い球が出ます。しか
し、最下点が常にボールの手前になるため、ダフリも出ればトップも出やすくなります。

4P+2F

4P+2Fを活用して、コースでのミスを減らそう!!

打つ前の意味のある素振りが
明暗を分ける

練習場では、50球、100球……と何球も同じクラブで続けて打つと当たるようになり、上手くなったような気がしてきます。しかし、翌日のラウンドでは、スライス、フック、ダフリ、トップとボロボロだった……という経験はありませんか? このような「練習場シングルさん」になってしまうのは、ゴルフ場を想定した練習をしていないからに尽きます。本番でしっかりショットを打つには「1球ごとに変わるクラブへの対応」「1球ごとに変わる傾斜やライへの対応」が必要不可欠になります。その対応力はボールを打つ前の素振りで4P+2Fを使って意味のある素振りができているか? それにより明暗が分かれます。

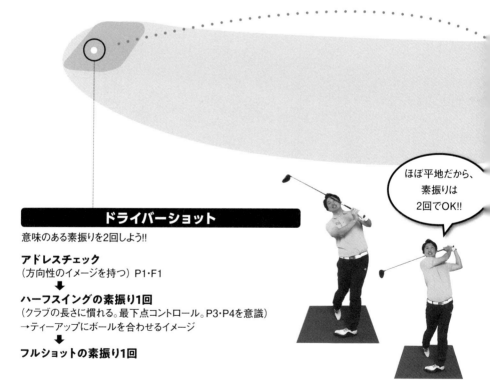

ほぼ平地だから、素振りは2回でOK!!

ドライバーショット

意味のある素振りを2回しよう!!

アドレスチェック
(方向性のイメージを持つ) P1・F1

↓

ハーフスイングの素振り1回
(クラブの長さに慣れる。最下点コントロール。P3・P4を意識)
→ティーアップにボールを合わせるイメージ

↓

フルショットの素振り1回

ピッチングウエッジ、サンドウエッジ

アドレスチェック
（方向性のイメージP1・F1　左足上がり下がり、P2・F2）

↓

傾斜に応じた素振り1回
（P2・F2・P3・P4）

↓

方向性をイメージした素振り1回
（P1・F1）

↓

距離に応じた素振り2回以上

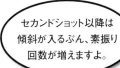

セカンドショット以降は
傾斜が入るぶん、素振り
回数が増えますよ。

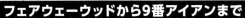

フェアウェーウッドから9番アイアンまで

アドレスチェック
（方向性のイメージP1・F1　傾斜左足上がり
下がりP2・F2、つま先上がり下がりP3・P4）

↓

ハーフスイングの素振り2回
（クラブの長さになれるP3・P4
最下点コントロール、傾斜とライの再確認P2・F2・P3・P4）
※クラブのソールが、芝をこするのを確認

↓

打つときのような素振り1回
（飛距離に応じたスイングで素振りしましょう）

P4+F2

4P+2Fを活用して、トラブルから脱出しよう!!

ディボット跡や木の根などのトラブル

コースに出ると、1打1打の状況がすべて変わります。ボールがフェアウェイからフェアウェイへ行けば大きな問題はありませんが、それでもラフあり、ベアグラウンドあり、ディボット跡あり…特に難しいのはディボット跡にボールが入ってしまった場合ですが、これは4p+2fを応用することで対処しやすくなります。トラブルショットはコースでしか遭遇しないし、ましてや練習などできっこないと思われがちですが、そんなことはありません。このようなショットを練習する方法をご紹介します。

1 ディボット跡からのショット

難易度 ★★★

プレーンの左右（P2）とロフト角（F2）を使って対処。普通に打ってしまうとクラブヘッドのリーディングエッジに当たり、あまりよいショットが出ません。

プレーンの左（P2）にして、入射角を鋭角にします。ロフト角（F2）を立ててインパクト。
これを行なうとフェースがボールに当たり、ディポットから脱出できます。

練習場でディボット練習

練習場ではティーをボールの後方にセットして練習しましょう!!

ティーの8cm先にボールをセット

触れない

プレーンの左（P2）にして入射角を鋭角にしてゴムティーにヘッドが当たらないようにします。

ボールの打ち出し角は低くなるが問題ありません。

木の根がボールのすぐ前に あるときのショット

難易度 ★★☆

木の根がボールのすぐ前にある時のショット

ロフト角（F2）を意識して対処

Address

ロフトの立ってるクラブを使ってしまうと…。

Impact

打ち出し角が低くなって木の根にボールが当たり、上に跳ねるだけ。

Good shot

ロフトの寝ているクラブを使ったり自分からロフトを立てすぎないようにすると良いでしょう。

練習場で木の根練習

ティーの8cm後方にボールをセット

触れない

ボールの先にゴムティーをセットしてインパクト。インパクトの後にヘッドを振り抜かずに戻しましょう‼

インパクト後はヘッドがゴムティーに当たらないようにヘッドをすばやく戻しましょう。

フェースアングルとは？

フェースアングルはライ角でも変わってします。
フェースアングル＝リーディングエッジの向きと思っている人が多いのですが、それは大きな問題です。ライ角を無視してハンドダウンすれば、リーディングエッジをターゲットに向けていても、フェースアングルは左に向きます。特に、ショートアイアンがその影響を大きく受けます。フィッティングでライ角調整するのはアイアンだけですね。ロフトの立っているクラブは、ハンドダウンにしても、フェースがほとんど左を向かないからです。つま先上がりの傾斜でショートアイアンを打つときは気をつけてください。リーディングエッジが目標を向いていても、フェースアングルは左を向いていることがあります。

スマホで見れます

プレーンの向きの
コントロールを
動画で確認!

※ライ角についてはこちらのYouTubeを参考にして下さい
https://www.youtube.com/watch?v=1hbknLkIqEw&t=11s

「4plane+2face」を活用して球筋を打ち分ける

4P+F2

4p＋2fを活用して、球筋を打ち分けるために重要なこと

クラブも重要!!

持ち球に合うクラブを使っているか? チェック
クラブでセッティングがバラバラだと危険な逆球が出やすい。

重心角

クラブのシャフトを机の上に置いてヘッドを垂らしたとき、フェース面がどれだけ上を向くか。フェース面とシャフトの垂線との角度が大きい（フェース面が上を向く）ほど重心角が大きく、ヘッドが返りやすいためドローを打ちやすい。一方、フェース面が垂直に近くなるほど、フェースが返りにくいのでフェードを打ちやすくなる。重心角が大きいほどボールを掴まえやすい。

アイアンのネック形状

ストレートネック

グースネック

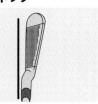

アイアンを大きく分けると、シャフトに対して後方にフェース部分がくるグースネック形状と、シャフトに沿ってそのままリーディングエッジがくるストレートネック形状とがある。前者は重心角が大きくボールを掴まえやすいので、振り遅れやスライスに悩む人にベター。後者は重心角が小さい。シャフトの延長線上でボールを捉えやすいため操作しやすく、球筋の打ち分けがしやすい。

シャフトの調子

クラブのシャフトには、しなる位置がある。先端側が柔らかくしなるシャフトは球がつかまりやすく、先端側が硬いシャフトは球がつかまりにくい。他にも、シャフト全体の硬さを表す「振動数」も関係してきます。

● ドローやフェードを打ちやすいクラブセッティング例

ドロー

ドライバーは重心角が大きく（上向き）
アイアンはグースネックがベター

1W　5W　7W　UT22°　UT28°　6I〜PW　52°　58°

フェード

ドライバーは重心角が少なく（垂直に近い）
アイアンはストレートネックを!

1W　3W　5W　UT19°　UT22°　5I〜PW（ストロングロフトのアイアンセット）　50°　56°

ドローとフェードの
おススメクラブセッティング

ドローボールを打つ時はロフトが立ちやすいので、ロフトが多めのクラブを使い、フェードを打つ時は逆にロフトが寝やすいのでロフトが立っているクラブがおススメです。持ち球と反対に曲がる逆球が出る、またクラブがバラバラな場合も上達の妨げになるので、そういう人はセッティングを見直した方がいいでしょう。

【ティーショット編】

4P+2Fを活用して、フェアウェイキープ率を劇的に上げる方法

実はストレートボールはフェアウェイをキープすることが難しいのです。ゴルファーの大半は、すべてのショットでフェアウェイの真ん中に向かって、真っ直ぐに打っていこうとします。しかし、成功率は極めて低く、100をやっと切れるぐらいの人で、10回中1〜2回もないのではないでしょうか。真っ直ぐに打てないだけではなく、左右どちらに曲がるかもわからなければ、最初から真っ直ぐ打とうとしない。もっといえば、上級者やプロでもなかなか打てないストレートボールにこだわり過ぎるとスコアはよくなりません。最近の自分がどちらに曲がりやすいのか？ それを考慮して狙っていくと劇的にフェアウェイキープ率が上がります。

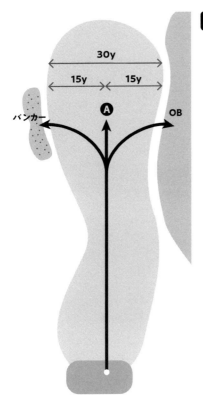

確率が悪い狙い方

ストレートボールで真ん中へ打つとフェアウェイを半分しか使えない

30ヤード幅のフェアウェイへ打っていくとします。ストレートボールで真ん中へ打っていこうとすると、狙いは🅰地点になります。プロでも難しいストレートボールを打てる確率はかなり低く、ボールはほぼ確実に曲がりますが、左右どちらかに曲がるかはわかりません。ただ、はっきりしているのは、左右どちらに曲がるにしても15ヤード以上曲がったらフェアウェイに残らないことです。せっかくフェアウェイ幅が30ヤードもあるのに、これでは半分の15ヤードしか使えないのと同じです。かえってフェアウェイが狭くなり、このショットを難しくしてしまうのです。

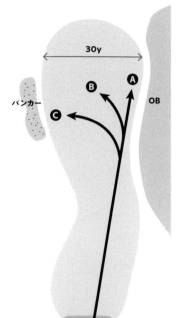

30y

バンカー

B

A

C

OB

球筋を決めてサイドを狙えば
フェアウェイを全部使える

一方、球筋を決めて打っていく場合はどうでしょうか。例えばドローボールが持ち球なら、フェアウェイの右端を狙い**B**落ち際に左へ曲がってセンターへ落ちるように打っていきます。もし**A**ドローがほとんどかからなく真っ直ぐ飛んでしまってもフェアウェイ右端をキープできますし、**C**思ったより左回転が多くかかって曲がってしまってもフェアウェイの左サイドで止まる計算です。球筋を決めて狙うことによって曲がる方向を絞れるため、フェアウェイキープ率がグーと上がるのです。これがフェアウェイを広く使うということです。フェードボールを打つ場合は左右を反対に考えてください。

P1とF1の組み合わせ

練習では…

「ゴルフを長年やっているのにスコアが一向に良くならない」という相談をよく受けます。なぜなのでしょう。多くのアマチュアをレッスンしてきた経験からいうと、ゴルフ歴の長い人ほど理想のスイングチェックと真っ直ぐ打つ練習ばかりしているからです。スイングには完璧もなければ定着もありませんし、真っ直ぐに近いボールは10回にせいぜい1〜2回しか打てません。それより有効なのは球筋を打ち分ける練習です。ボールは必ず曲がるものですから、思いのままに曲げてコントロールする方がずっと実用的で役に立ちます。それによってスコアが劇的によくなり、結果的にスイングもよくなるのです。コースでは1Wをおよそ14回使います。なので、練習でターゲットを決めて14球を打ってみてください。14球のうち、10球フェード系の球筋で4球ドロー系であれば、あなたの現在の持ち球はフェード系となります。

【セカンドショット編】

4P＋2Fを活用して、パーオン率を劇的に上げる方法

コースではグリーンの中央にピンが立っていることはありません。大体4つのエリアにピンは立っています。グリーンの左手前・左奥・右手前・右奥となります。日頃の練習から、そのことを想定して練習することで、パーオン率が上がるだけではなく、バーディチャンスを増やすこともできます。また、もしグリーンを外しても、安全な方へ外すことができますので、スコアを崩さなくなります。練習の仕方はグリーンを図のように4分割して、必ずどこをどういう球で狙うかを決めて打っていくようにしましょう。これから①～④の練習法を紹介しますので、練習場でできるようになったらコースで試してみましょう‼ そして、コースで成功する確率の高いほうを自分のモノにしましょう‼

Pattern

1

P2とF2の組み合わせ

「高い球」「低い球」でグリーンの手前・奥の打ち分け

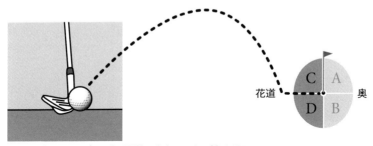

ロフトを寝かせる＝高い球＝距離は出ない＝ターゲットはC、D

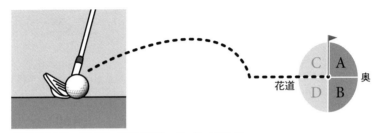

ロフトを立てる＝低い球＝距離が出る＝ターゲットはA、B

P1とF1の組み合わせ

「アドレス全体の向き」を変えて、4エリアをそれぞれを狙う

ターゲットに対して、ストレートボールを使う攻め方
「アドレス全体の向き」を変えて、それぞれのエリアを狙っていこう

P1とF1の組み合わせ、プレーン向きを変えて4エリアそれぞれを狙う

次は、プレーンの向き(P1)とフェースの向き(F1)を変えてそれぞれのエリアを狙っていこう。最初にクラブフェースも体の向きも右に向け、体の向きと平行のスイングプレーンで右側のD エリアを狙う。次はクラブを1番手上げてBエリアに打つ。左のエリアを狙う時は、フェース向きも体の向きも全て左に向け、体の向きに平行のスイングプレーンで左側のCエリアに打つ。Aエリアを狙う時はクラブを1番手上げる。この練習は打球の曲がりは考えず行ないましょう。

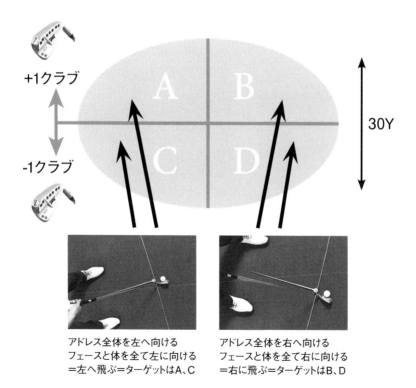

+1クラブ

-1クラブ

A　B

C　D

30Y

アドレス全体を左へ向ける
フェースと体を全て左に向ける
＝左へ飛ぶ＝ターゲットはA、C

アドレス全体を右へ向ける
フェースと体を全て右に向ける
＝右に飛ぶ＝ターゲットはB、D

※短い距離(ミドルからショートアイアン)はボールを曲げるのが難しいので、このグリーンの攻め方がおススメです。

Pattern

3 P1とF1の組み合わせ

「持ち球」で、4エリアをそれぞれ狙う

ターゲットに対して、プッシュドロー（フック）・プルフェード（スライス）を使う攻め方

今度は「持ち球」を使って、4つのエリアをそれぞれ狙うのですが、自分の持ち球がドローの人は、そのドローが出る構え方やスイングを崩さずに、体全体の向きを変えA、CエリアとB、Dエリアを狙ってみましょう。また、A、Bエリアは1番手上げ、C、Dエリアは1番手下げましょう。一般的にはA、Cエリアにピンがあるときはドローの方が狙いやすく、B、Dエリアはフェードの方が狙いやすくリスクが低い。持ち球が番手によってちがう方は、いろいろなクラブで練習しましょう。

持ち球を使って
自信をもって打ちましょう!!

※持ち球の再現性の高い人に適したグリーンの攻め方です。

P1とF1の組み合わせ

「ドローとフェード」を打ち分けて、4エリアをそれぞれ狙う

グリーンセンターに対して、ストレートドロー（フック）・ストレートフェード（スライス）を使う攻め方

ドロー・フェードが打てるようになったら、ターゲットを意識して実戦さながらの練習をしていきましょう‼ 図のようにグリーンセンターから、ドロー・フェードが打てるようになると、パーオン率が高くなります。また、安全にすべてのポジションを狙うことができるのです。アイアンショットでのドロー・フェードの打ち分けを行うと、同じクラブでも飛距離の差が出ます。例えば8番アイアンスのストレートが、140Yの飛距離だった場合、ドローを打つとロフトが少し立ち約145Yくらいになります。また、フェードはロフトが寝て約135Yくらいになります、それらを把握して4エリアをそれぞれ狙っていきましょう。

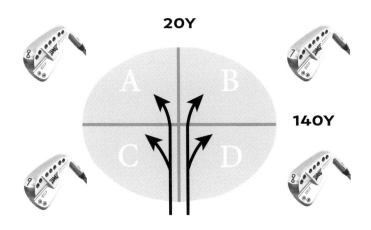

❶ A を狙う＝8番アイアン（通常140ヤード）をドローで打つと約145Y
❷ B を狙う＝7番アイアンをフェードで打つと約145Y
❸ C を狙う＝9番アイアンをドローで打つと約1135Y
❹ D を狙う＝8番アイアンをフェードで打つと約135Y

使用クラブは最大
2番手違います！
B〉A・D〉C。

※ドロー・フェードが打てる方、または距離が長いときに長いクラブで攻めるケースで有効です。

4P+F2

4p+2fを活用して、大叩きホールを撲滅 !!

打ってはいけない球筋を覚えておこう

前にもお話ししたことの確認にもなりますが、4p+2fを身につけることによって9種類の球筋を打ち分けられるようになります。その過程で必ず学ばなければならないことのひとつには「打ってはいけない方向にだけは打たない」力をつけることです。例えば、コースの右サイドにOBや池などペナルティーゾーンがある場合はペナルティーエリアだけはとにかく避けなければなりません。次に避けるべきは林や崖下など。脱出するために1打を要する可能性が高いゾーン、その後はラフやバンカーなどショットは打てるけれどもグリーンを狙うことはできないゾーンになります。危険地帯がどこにあるかを見極め、そこにだけは絶対に行きようがない球筋をセレクトする必要があるのです。そこまでプランを立てられれば、あとは打ちたい球筋を4p+2fの組み合わせで打っていくだけです。

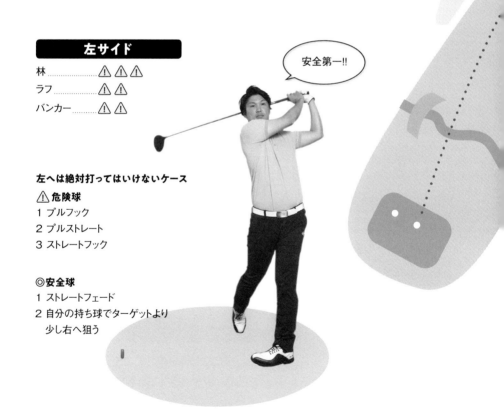

左サイド

林 .... ⚠ ⚠ ⚠
ラフ .... ⚠ ⚠
バンカー .... ⚠ ⚠

安全第一 !!

左へは絶対打ってはいけないケース

⚠ **危険球**
1 プルフック
2 プルストレート
3 ストレートフック

◎ **安全球**
1 ストレートフェード
2 自分の持ち球でターゲットより
　少し右へ狙う

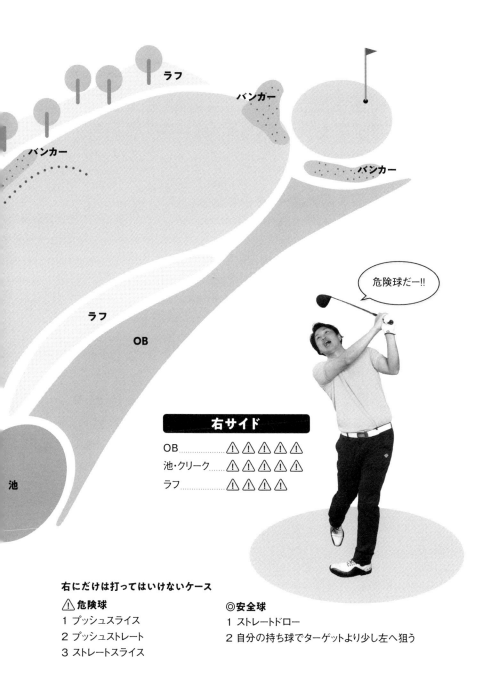

ラフ

バンカー

バンカー

バンカー

ラフ

OB

池

危険球だー!!

右サイド

OB	⚠ ⚠ ⚠ ⚠ ⚠
池・クリーク	⚠ ⚠ ⚠ ⚠ ⚠
ラフ	⚠ ⚠ ⚠ ⚠

右にだけは打ってはいけないケース

⚠ **危険球**
1 プッシュスライス
2 プッシュストレート
3 ストレートスライス

◎ **安全球**
1 ストレートドロー
2 自分の持ち球でターゲットより少し左へ狙う

P4+2F

4P+2Fを活用して、
平均ストロークをアップさせる

自分の確率のよい球（持ち球）を決めるラウンド法の紹介

ある程度、練習場で球筋の打ち分けを試してみたら、本格的に導入する前にラウンドで確かめてみます。最初の9ホールはコースレイアウトに関わらず全てフェードだけで回るのです。ドライバーショットはもちろん、フェアウェイウッド、ユーティリティ、ミドルアイアン、ショートアイアンまで、アプローチ、パット以外は全部フェードだけ打っていきます。飛距離を気にする必要はありません。後半は、ドローだけで9ホール回りましょう。スコアのよさとプレーの内容のよいほうが自分の持ち球といえます。ドライバーがフェードでアイアンがドローの場合もあります。

ターゲットを左にとりフェードを打とう

9H フェードで回る こちらも、逆球だけは打ってはいけない

ターゲットはフェアウェイセンターです。左サイドを狙って、右へ曲がらず真っ直ぐフェアウェイ左サイドに行ったらまずまず（○）。軽いフェードがかかって真ん中に落ちれば合格です（◎）。思ったより曲がってフェアウェイ右サイドに残ればいいでしょう（○）。もし右バンカー（△）や右OBに行ってしまったらターゲット、体の向きとフェースの向きとスイングプレーンの向きをチェックしましょう。第2打は、もしピンが右半分に切ってあれば、センターかやや左をターゲットに打っていきます。センターからフェードがかかってピンに寄れば◎、そのままセンターに行ってしまっても、グリーン右サイドに止まってもOK。違うエリアに行ってしまったら、クラブ選択や体の向き、フェースの向き、スイングプレーンの向きをチェックしましょう。

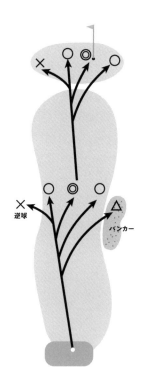

毎ショット右を狙いドローだけで回る

9H　ドローで回る　逆球だけは打ってはいけない

ターゲットはフェアウェイセンターです。フェアウェイ右サイドを
狙って、左へ曲がらず真っ直ぐフェアウェイ右サイドに行った
らまずまず（○）。軽いドローがかかって真ん中に落ちれば合
格です（◎）。思ったより曲がってもフェアウェイ左サイドに残
ればいいでしょう（○）。もし左バンカー（△）、や左OB に行っ
てしまったらターゲット、体の向きとフェースの向きとスイングプ
レーンの向きをチェックしましょう。第2打は、もしピンが左半
分に切ってあれば、センターかやや右をターゲットに打ってい
きます。センターからドローがかかってピンに寄れば◎、そのま
まセンターに行ってしまっても、グリーン左サイドに止まっても
OK。違うエリアに行ってしまったら、クラブ選択や体の向き、
フェースの向き、スイングプレーンの向きをチェックしましょう。

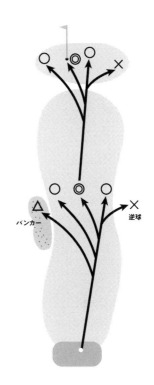

スコアカードで自己診断ができる

フェードだけ（ドローだけ）のスコアカードをつける時は、余白にボールがどこへ行ったか、1打目からショット
順に◎、○、△、×で書き込んでおきます。ラウンドが終わった時に振り返って、例えば1打目に×があれば
ドライバーの曲がりが逆球になり、コントロールできていないことがわかります。2打目が△（エリアが違う）
ばかりなら、逆球ではないが、ボールの曲がりが大きすぎます。いずれにしても、何が悪かったのか自己診
断ができますので、悪かったショットが多い方が自分の持ち球ではないと判断することができます。

GOLFコラム

スイング形成の話

　韓国の女子プロは幼いうちから英才教育を受け、癖のないよいスイングを身につけています。その後も絶えずスイングチェックとトレーニングを行ない持続しています。私も初心者にはスイング形成のためのレッスンを薦めています。一方、長年ゴルフをされている方は、すでにスイングの動きが自動化されています。クラブを振るたびにその人独自の癖が無意識に繰り返されているのです。すでに神経や感覚に染み付いている癖のある動きを消し去って新しい動きを体に取り込んでいくのは、真っさらなところに覚えさせるより何倍もの労力を要します。とはいえ、癖のあるスイングでも必ず上達はできます。ツアープロでも個性的なスイングの選手はいますが、皆ふつうに60台や70台のスコアを出しているのがその証明です。

　個性的なスイングでも上達するには、

①ローポイント(最下点)のコントロールができるよう練習する
②飛球の法則を知る
③スイートスポットにボールを当てる練習をする
④クラブ性能に合わせた当て方をする。

これらのことが大切です。自分の持っているものを活かし、アップデートしていきましょう。

<4plane＋2face>を
グリーン回りで活用する

P1+F1+F2

球筋別の飛距離をきっちり確認する

P1・F1・F2の応用

アプローチショットにも球筋があります。ストレート系、ドロー系、フェード系の3種類。Lesson3で「グリーンを4等分してターゲットを決める」で球筋が違うと飛距離が変わることを説明した通り、飛距離は少ないもののアプローチショットも同じです。下の表を見てください。これは私のアプローチショットの球筋別飛距離ですが、同じ大きさのスイング幅でも球筋によってこれほど飛距離が変わります。飛距離の違いを把握しておくことは上達に欠かせません。キャリーよりもランが変わることによって、ドロー、ストレート、フェードの順に距離が変わります。私の飛距離を参考に、カッコ内にご自分の飛距離を書き入れてみましょう。

アプローチ飛距離確認表

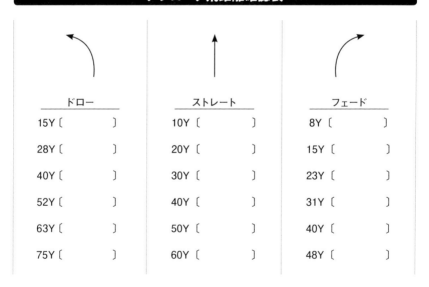

ドロー	ストレート	フェード
15Y〔　　　〕	10Y〔　　　〕	8Y〔　　　〕
28Y〔　　　〕	20Y〔　　　〕	15Y〔　　　〕
40Y〔　　　〕	30Y〔　　　〕	23Y〔　　　〕
52Y〔　　　〕	40Y〔　　　〕	31Y〔　　　〕
63Y〔　　　〕	50Y〔　　　〕	40Y〔　　　〕
75Y〔　　　〕	60Y〔　　　〕	48Y〔　　　〕

20%以上の誤差を想定する

左ページの表に沿って考えると、通常ストレートボールで60ヤードのアプローチショットをフェードで打つと48ヤードしか飛ばない。誤差はなんと20%減、12ヤードになる。それを知らずに、例えば、グリーンの奥行きが30ヤードでピンがセンターに切ってある場合、ピンを狙って打ったボールはグリーンエッジから3ヤードの所にしか乗らない。もしバックスピンがかかってボールが戻ったらグリーンから出てしまうこともあるし、そのまま止まっても12ヤードのロングパットが残る。また、この60ヤードのアプローチショットをドローで打って行ったら75ヤード飛んでしまう。こちらは25%にあたる15ヤード増。ということはグリーンに乗らない可能性が大きい。フェードとドローとの差は27ヤードにもなるのだ。普通にストレートボールで60ヤードを打つのに3クォータースイングをしている人なら、ドローの場合はハーフショット、フェードだったらフルショットに振り幅を変える必要がある。

1パット圏内に寄せるには…

左ページの表から考えてみよう。通常ストレートボールで30ヤードのアプローチショットをフェードで打つと23ヤードしか飛ばないし、ドローだと40ヤードも飛んでしまう。前者であれば7ヤードショートするし、後者だったら10ヤードもオーバーしてしまう。30ヤードに対してこの誤差はあまりにも大きい。この距離を1パット圏内に寄せることは上達には不可欠だ。普通に30ヤードを打つのにハーフスイングをするなら、ドローの場合はショートスイングでスイングするが、フェードだったら思い切って3クォーターショットの振り幅で打っていこう。

75Y

60Y

48Y

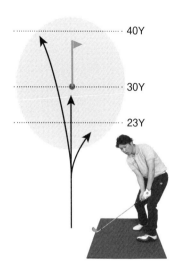

40Y

30Y

23Y

4p+2fを活用し「アプローチ」を成功させよう!!

通常のアプローチショットの打ち方は大きく分けると2つです。
1つはダウンブローが弱いか、もう1つはダウンブローが強いかです。これは今あなたのお使いのクラブのバウンス角とも関係してきます。P2とF2の応用を復習して決めましょう。

ダウンブローが弱い

バンス角が少ない

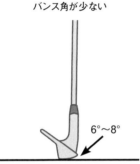

球筋イメージ
中弾道

6°〜8°

立ちぎみのロフトが角のクラブが向いている

ダウンブローが強い

バンス角が多い

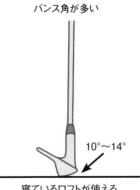

球筋イメージ
低弾道

10°〜14°

寝ているロフトが使える

自己診断 自己治療

診断	ザックリ	トップ
治療	●バンス角を増してみる ●ダウンブローの弱い構え方や打ち方を試してみる	●バンス角を減らしてみる ●ダウンブローの強い構え方や打ち方を試しを試してみる

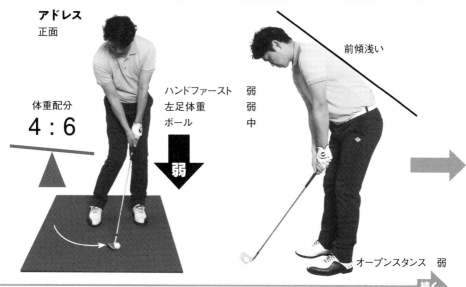

アドレス
正面

体重配分
4 : 6

ハンドファースト　弱
左足体重　　　　　弱
ボール　　　　　　中

弱

前傾浅い

オープンスタンス　弱

続く

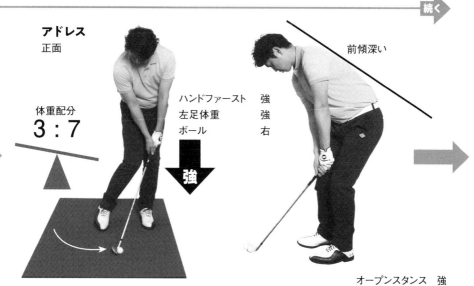

アドレス
正面

体重配分
3 : 7

ハンドファースト　強
左足体重　　　　　強
ボール　　　　　　右

強

前傾深い

オープンスタンス　強

2 自分の得意な打ち方を見つけておきましょう!!

ダウンブロー弱いと強いを両方ためしてみましょう!!
よい方を選択。

ダウンブローが弱い スイング おススメクラブ…バンス角が少ない　立ち気味のロフトが使える

Address

Top of swing

続き

ダウンブローが強い スイング おススメクラブ…バンス角が強い　寝ているロフトが使える

Address

Top of swing

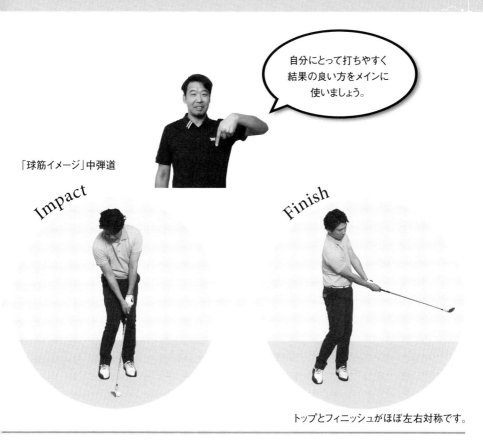

自分にとって打ちやすく
結果の良い方をメインに
使いましょう。

「球筋イメージ」中弾道

Impact

Finish

トップとフィニッシュがほぼ左右対称です。

「球筋イメージ」低弾道

Impact

Finish

フィニッシュがトップより低くなります。

3 高いボールと低いボールで

低いボールほど良く転がるので落とし所は手前に、高いボールはラン
が少ないので落とし所はピンに近くなる。ボールの位置によって弾道
の高低、キャリーとランの割合をコントロールしよう。

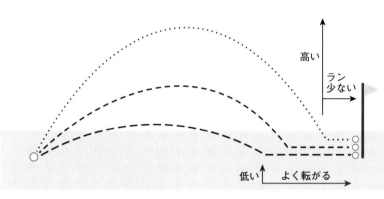

高い

ラン
少ない

低い　よく転がる

ラフとフェアウェイでもランの量が変わります。
ボールが濡れていたり汚れていたりする時もランの量が変わりますので試す時は同じライの条件
でやって下さい。

注意事項

リーディングエッジ

芯の短いエリアではバンスが地面にあたりリーディングエッジが地面から大きく浮くため、
リーディングエッジがボールにぶつかりトップのミスが出やすいので注意しましょう。

ダウンブローの弱い打ち方と強い打ち方を状況におうじて変えても良いですし、得意な方を選択しても良いです。
その決めた打ち方から、ボール位置を変えて更に自分にとって最適なボール位置を決めて打ちましょう。コースでは状況に応じて変えましょう。

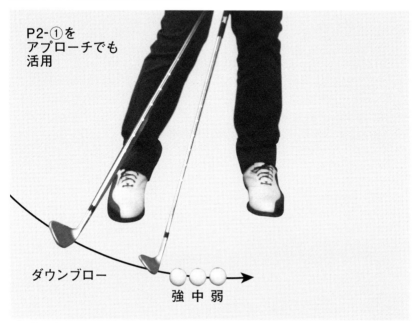

P2-①を
アプローチでも
活用

ダウンブロー

強 中 弱

いつものボール位置、ボール1個分右、ボール2個分右にそれぞれ置いてみよう。ボール位置だけでダウンブローの度合いとインパクト時のロフト角が変わり、56°のウェッジ（写真）一本で、3種類の高低を打ち分けられる。

4P+2F

4P+2Fを理解して、アプローチの疑問解消

アプローチはなぜオープンスタンスなのか

アプローチショットはオープンスタンスが基本です。おそらく、みなさんもそう教わったことと思いますが、その理由は曖昧なのではないでしょうか。先に答えを言ってしまうと「インサイド・インの軌道でストレートボールが打ちやすく、球が止まりやすいから」です。初めて聞く方は、ここで「オープンに立つとスイングはアウトサイド・インになるのでは?」と疑問をもたれるかもしれません。ダウンブローに打つことを条件とした場合、もしオープンスタンスではなく真っ直ぐに立つなら、普通はインサイド・アウトの軌道になって打球はドローになります。ランを出さないボールを打つためにスタンスをオープンに立ち、スタンスに対して平行に振ると、飛球ラインに対してはインサイド・インの軌道になるのです。

アドレスの手順

❶オープンスタンスに立つ
❷ダウンブローに打つ準備としてボールを右に置く
❸スタンスに対して真っ直ぐに振る
　飛球ラインに対してはインサイド・インの軌道になる

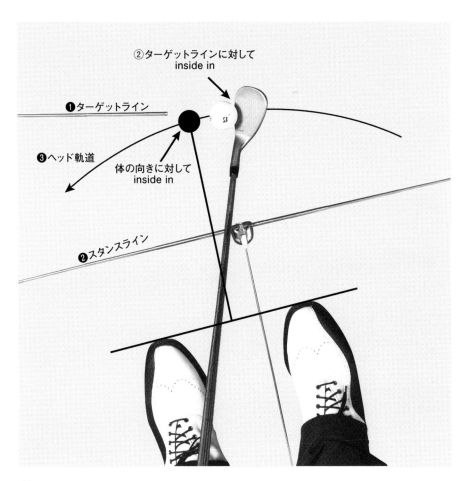

②ターゲットラインに対して
inside in

❶ターゲットライン

❸ヘッド軌道

体の向きに対して
inside in

❷スタンスライン

❶ターゲットライン

❷スタンスはオープン

❸ボール位置は中心よりやや右

4P+2F

4P+2Fでロブショット、ボールを上げる打ち方

4p+2fでボールを上げる

ボールを上げるアプローチショットをロブショットといいます。プロがトーナメントの優勝争いなどでグリーンまわりのラフからボールをふわりと上げる、あの打ち方です。高度ではありますが、4p+2fをマスターし、ボールを上げるのに適した正しい構え方とプレーンができるようになればアマチュアの方でも可能です。コツさえ掴めれば、むしろ得意になると思います。まずはロブショットの条件、ロブショットはどういう状況に適しているかを知りましょう。最も大事なポイントを3つあげておきます。

ピンまでの距離

❶10ヤード以上
❷30ヤード以下
❸キャリー：ランは9:1

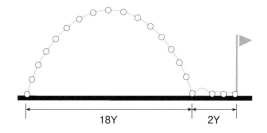

グリーンやグリーン周りの状況

❶バンカー越え
❷ピンが手前
❸砲台グリーン
❹グリーンオーバーからの返し
❺グリーンが速い

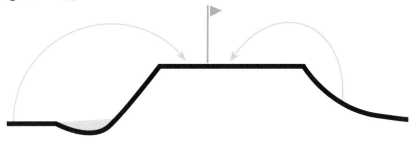

ボールのライ（芝の状況）

ロブショットはボールの下へクラブヘッドを入れていく打ち方です。トーナメント中継でラフからふわりとボールを上げているのを見ますが、ラフこそボールの下にクラブが入れやすいからです。芝が深くなるほど、地面とボールとの間には空間ができます。ただし、その空間がありすぎると、今度はクラブヘッドがボールの下を潜る「ダルマ落とし」になってしまうので気をつけなければいけません。最適なのはボールの下に指が1本入るくらいの空間があること。指2本分くらいでぎりぎり、指3本になったらロブショットは断念した方が賢明です。ボールと地面との間にほとんど空間がない状況は、ロブショットにはもちろん不適格です。条件が揃っているか、しっかり見極めましょう。

土の表面とボールの下部に指1本入るラフが一番打ちやすい

ベアグラウンド	芝が薄い	ボール下に指1本	ボール下に指3本

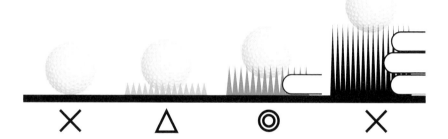

× △ ◎ ×

4p+2fでロブショット
ボールを上げるアドレスの作り方
（P1、F1、P3、P4を使用）

フェースを開く

ロブショットでボールを上げるには、そのための準備が必要です。打ち方で一番大事なのはフェースを開いて構えること。構えただけで成功するか、失敗するかわかるほどです。ここではフェースを開く手順を一つ一つ丁寧にご説明します。ぜひ省略することなく順番通りに進めてください。普段のアプローチショットの構えとは大分違うので最初は違和感があると思いますが、これをしっかり覚えて実行できるようにしましょう。

4p+2f でボールを上げるアドレスの作り方

1

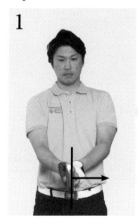

ヘッドを浮かしてみる

クラブを普通に握り、
ヘッドを上空に浮かせる。

2

手の中でフェースを開く

ヘッドを浮かせたまま、手の中でフェースを開いて握る。
この時の「開く」はフェース面を右に向けること。こうすることによって自然とロフトが寝る。
（F1）

3

クラブを地面につけながらハンドダウンする

フェースを右に向けるとヒール側が浮く。それを補正するためにハンドダウンする。膝を曲げ重心を下げる。これによってフェースが右を向く割合が減ることを覚えておく。またバウンスが地面に着いて、インパクト時にヘッドが地面に深くもぐり込まなくなる。（P3）（P4）

5

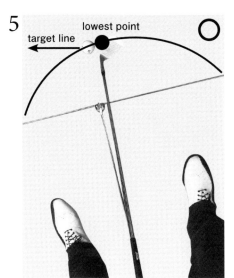

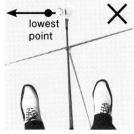

ボールの位置はスイングの最下点になる

ロブショットはボールの下にクラブを入れて、打球を上げる打ち方。フェースを開くことでクラブのバランス角が多くなり、ボールの位置がスイングの最下点でも自然にダフる形になりボールの下にクラブが入っていく。

プレーンの向き（P1）は左に向いているが、フェースの向き（F1）がオープンなので、ボールは高く真っ直ぐ飛ぶ。

4

スタンスを
オープンにする

そのまま打つと右に飛んでしまうので、スタンスを左へ向ける。ボールを中心に、時計回りと反対に体ごと右へ回り込むとオープンスタンスになる。

4p＋2fでロブショット
ボールを上げるスイングの仕方

振り幅はいつもの3倍

ロブショットはボールをクリーンに打つのではなく、フェースを開いてロフト角（P2）を寝かせて打っていくショットなので飛距離が出ません。あえて「飛ばさないショット」です。私の場合、フェアウェーからSWでフルショットすれば最大90ヤード飛びますが、ロブショットでは最大30ヤードしか飛びません。飛距離はだいたい3分の1になります。一般アマチュアの方ですとSWのフルショットが70ヤードくらいだと思いますので、ロブショットだとフルスイングで23ヤード。また、SWのフルショットが50〜60ヤードの女性ならロブショットのフルスイングで16〜20ヤードが最大飛距離です。反対に考えると、ピンまで10ヤードのロブショットをするには普通に打つ時の30ヤードの振り幅、20ヤードのロブショットには通常60ヤードを打つ時の振り幅が必要です。

スイングのポイントは、大きくゆっくり、スタンスなりに、プレーンの向き（P1）をアウトサイド・インに振ることです。ハンドダウンして構えるぶん手首を使う感じはありますが、コックを使いすぎるとインパクトでクラブが手前に入って「ザックリ」する危険がありますので注意しましょう。また、せっかく開いて構えているのに、いざボールを打つ時にインパクト周辺でフェースを閉じてしまうミスをしがちです。手順に沿ってきちんとアドレスをとっていれば、そのまま振るだけでボールはきれいに上がります。フェースの向き（F1）はアドレスの時と同じ向きでインパクトすることに集中しましょう。

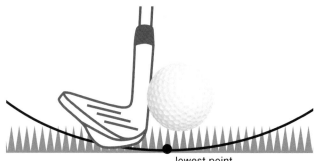

lowest point

ロブショットはボールが地面から浮いているため、最下点はボールの所でよい

SW【20Yの中弾道アプローチ】

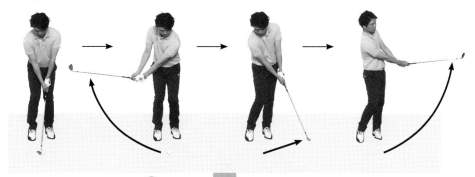

3倍の振り幅

SW【20Yのロブショット】

※同じ20Yでもロブショットは、振り幅が大きくなり、ヘッドスピードも速くなります。

4P+2F

4p+2fでバンカーショットを成功させる

1 プレーンの高さを意識（P4を使用）

前のページで説明してきたロブショットは、実はバンカーショットの打ち方に似てます。フェースを正しく開いてスタンスをオープンにし、フェース向きを変えず通常の3倍の振り幅で打つやり方を復習しましょう。ここではバンカーショットの成功率をより高めるための、バンカーならではの注意ポイントを2つお伝えします。

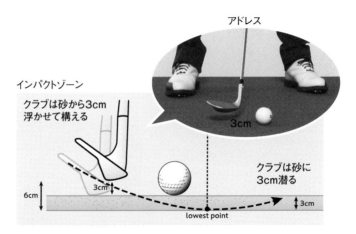

アドレス

インパクトゾーン

クラブは砂から3cm
浮かせて構える

3cm

3cm

クラブは砂に
3cm潜る

6cm

3cm

lowest point

3cm

スイングの最下点は砂の中

ロブショットとバンカーショットの違いは、最下点の位置が違うこと。ロブショットは芝のおかげでボールが浮いているので、ボールの位置に最下点を迎えるようにするが、バンカーショットはボールの下の砂ごとボールを飛ばすので、図のようなインパクトをする必要が。ロブショットよりも最下点はボールの左にずれるので、左足体重で打つとよい。

P4（プレーンの高さ）をコントロール

しゃがむ感覚で
ダウンスイング。

ダウンスイングで重心を下げる

6センチを補正するには、ボールを打つ時にダウンスイング以降で重心を下げるとよい。前述ページを振り返ろう。スイングプレーンの高さを変えるにはしゃがむ感覚でダウンスイングをして、アドレス時より最下点を6センチ下げる。人によっては、四股（しこ）を踏む、あるいはブランコを漕ぐという表現の方が感覚を掴めるかもしれない。

リリース時にトゥダウンする

こちらも前述ページを思い出してほしい。プレーンの角度を変える練習でトゥダウンをしたが、それを応用する。手首を伸ばすことで、プレーンがタテ振りになり、最下点がアドレスより低くなるのでダフれる。ダウンスイングで手首をリリースすると同時に早めに手首を下へ伸ばしていこう。釣りをする人なら、釣り糸を下へ向かって放つイメージというと分かりやすいかもしれない。インパクトで手首が伸びることでスイング軌道がアップライトになり、6センチのギャップを埋めることができる。

2 フェースを開くか、開かないか（P1、F1、P4を使用）

大きく分けるとフェースを開く打ち方と、開かない打ち方とがあります。しかし、2種類の打ち方を出来るようにしておくことが大切。バンカーショットで距離の打ち分けが出来るだけではなく、硬い砂や柔らかい砂にも対応しやすくなるからです。

【フェースを開く打ち方】

ガードバンカーでパワーのある男性には、この打ち方がオススメ

【フェースをスクェアにする打ち方】

ガードバンカーで力のない女性には、この打ち方がオススメ

フェースを開く打ち方

アゴが高い、砂が柔らかい、ピンが手前に切ってあるような時は、ボールを上げたい状況ほどフェースを開く。それに応じてスタンスもオープンになり、スタンスに沿って振った結果ターゲットに対してよりアウトサイド・インの軌道が強くなる。プレーンの向き（P1）とフェースの向き（F1）を意識しよう。

フェースを開かない打ち方

ピンまで30ヤードかそれ以上あるような時は、エクスプロージョンショットでは届かない。また、ボールが砂に埋まってしまい目玉の状態、砂がシャリシャリと硬い状態などクラブヘッドが砂に入って行きにくい状況ではエクスプロージョンショットは不可能だ。その場合はフェースを開かない打ち方がベター。普通のショットと同じ構え、同じ打ち方、違うのはダフらせることだけ。フェースを真っ直ぐにセットし（F1）、インサイド・インの軌道（P1）で振ろう。ダフらせるのでプレーンの高さ（P4）をダウンスイング〜インパクトで変える必要があります。

3 バンカーの目玉（P2、F2を使用）

フェースを開いてエクスプロージョンショットをする打ち方、フェースを開か
ずに普通に打っていく打ち方を練習することで、大抵のバンカーショットに
対応できるようになります。最後にもうひとつ、バンカーでのトラブルで有効
な打ち方をマスターしておけば、苦手意識がなくなるどころかバンカーショッ
トが得意になると思います。目玉はもちろん、砂が硬い時、ボールが左下が
りの傾斜にある時などに役立ちますので練習しておきましょう。

1 アドレス

30%

70%

ロフトを立て、背骨を左に傾ける
P2＋F2

2 バックスイング

ここから鋭角に振り下ろす

左体重でロフトを立てる

ボールの後方にクラブを入れていくスペースがない・クラブが砂に入っていかない・目玉のライのようなトラブル時にクラブのバンスを使うと弾かれてしまい、かえって邪魔になる。そこで、3対7の割合で左足に体重を多く（P2）かけて立ち、ロフトを立てる（F2）ことで、バンスを使えないようにして構えよう。背骨も左へ傾ける（P2）ことでクラブの入射角が鋭角になるのでバンスはさらに弾かれにくくなる。クラブは自然と上に上がり、上からボールをヒットしやすい。バックスイングの大きさの割に、フォローを小さく低くとることは、インパクトでの砂の抵抗が大きいことを考えるとむしろ必要なことです。

3 インパクト

砂ごとえぐり出す

4 フィニッシュ

フローは小さく

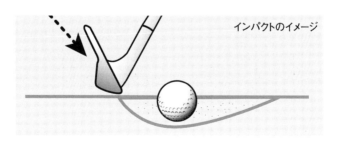

インパクトのイメージ

4plane + 2face
master schedule/practice
マスタースケジュール(練習)

4プレーン2フェースを9週間かけてマスターしましょう。1週目から9週目まで下表を参考に練習します。1回終わると自分の得意、不得意がわかります。その後は得意なところをさらに磨き、不得意なところにもしっかり向き合い伸ばしましょう。

1st. week/1週目　　P1を覚えます

素 振 り	球 打 ち	使用クラブ
1～4days	2days	1W、UT、7I、SW

Check! 素振りは自宅で行なえます。

2nd. week/2週目　　F1を覚えます

素 振 り	球 打 ち	使用クラブ
1～3days	3days	1W、UT、7I、SW

3rd. week/3週目　　P1+F1を練習します

素 振 り	球 打 ち	使用クラブ	球 筋
2days	4days	1W、UT、7I、SW	9types ball(9種類)

4th. week/4週目　　P2を覚えます

素 振 り	球 打 ち	使用クラブ
1～4days	2days	1W、FW、8I、PW

5th. week／5週目　　F2を覚えます

素 振 り	球 打 ち	使用クラブ
1〜3days	3days	1W、FW、8I、PW

6th. week／6週目　　P2+F2を練習します

素 振 り	球 打 ち	使用クラブ
2days	4days	1W、FW、8I、PW
球 筋	ラ イ	
3types height （高中低の3種類）	uphill、downhill （左上がり、左下がり）	ダフリ、トップに注意します。　Check!

7th. week／7週目　　P3を覚えます

素 振 り	球 打 ち	使用クラブ	打 ち 方
1〜3days	2days	all clubs（全クラブ）	adjust to each club's length （それぞれの長さに合わせ調整）

各クラブの1球目を成功させます。　Check!

8th. week／8週目　　P4を覚えます

素 振 り	球 打 ち	使用クラブ
1〜4days	1days	all clubs（全クラブ）

9th. week／9週目　　P3+P4を練習します

素 振 り	球 打 ち	使用クラブ
2days	4days	all clubs（全クラブ）
ラ イ		打 ち 方
uphill、downhill（左上がり、左下がり） ball above or below feet（つま先上がり、つま先下がり）		hit it pure all clubs （全クラブ芯で打つ）

27の球筋、4つの傾斜を打ち分けます。　Check!

4 plane + 2 face
master schedule/round
マスタースケジュール（ラウンド）

練習場で4プレーン2フェースをマスターしたら、いよいよラウンドで実践します。1、2回目は球筋を確認し、3回目は持ち球で回ります。4回目は高低のチェック、5回目はミスや傾斜対応の練習、6回目は現在の自分の集大成。ベストスコアを目指しましょう。

1st. round/ ラウンド1回目

アウトのテーマ	インのテーマ	ポイント
フェードだけで回る	ドローだけで回る	P1+F1を確認

Check! 1〜5回目は練習用のラウンドをします。

2nd. round/ ラウンド2回目

アウトのテーマ	インのテーマ	ポイント
ドローだけで回る	フェードだけで回る	P1+F1を確認

Check! 1、2回目は同じコースを回ります。

Check! スコアカードを前回と見比べます。アウト、インそれぞれスコアがよかった方の球筋を確認します。

3rd. round/ ラウンド3回目

18ホールのテーマ	ポイント
1、2回目をよいスコアで上がれた方の球筋だけで回る	P1+F1を確認

Check! スコアを確認し、持ち球を決めます。
持ち球は、すべてのクラブで同じとは限りません。例えば、Aさんは（1Wドロー、FWフェード、UTフェード、アイアンドロー）、Bさんは（全クラブドロー）、Cさんは（ウッドとUTフェード、アイアンドロー）というふうに、人によって違います。クラブごとの持ち球を確認しましょう。

4th. round/ ラウンド4回目

アウトのテーマ	インのテーマ	ポイント
できるだけ低い球だけで回る	できるだけ高い球だけで回る	P2+F2を確認

左足下がりを意識 します。

左足上がりを意識します。
打球の高低にも、人によって、またはクラブによって得手、不得手があります。例えば、Aさん（1W高い球、FW～アイアン低い球）、Bさん（全クラブ低い球）、Cさん（1W低い球、FW～アイアン高い球）というように個人差があります。クラブごとに打ちやすい球の高低を確認しておきましょう。

Check!

5th. round/ ラウンド5回目

18ホールのテーマ	ポイント
ダフリ、トップをなくす つま先上がり、つま先下がりを意識する	P3+P4を確認

6th. round/ ラウンド6回目

18ホールのテーマ	ポイント
得意な打ち方だけで回る ベストスコアを目指す	4P+2Fを確認

みんなのゴルフ体験談

3回目のラウンドで100を切れた!!

- ● 女性 29歳
- ● ゴルフ歴：なし
- ● ゴルフを始めたきっかけ：父や友人が楽しそうにやっていたから

　ゴルフを始めたいけれど何をしたらよいのか全くわからなかったので、レッスンを受けることにしました。もちろん、クラブを握ったことも、練習場へ行ったこともありませんでした。

　まず最初に山田コーチからいわれたのは、「初心者の方は、クセのないフォームを作るために基本のスイング形成が大事です」でした。アドバイスに従って、小さな振りから始め、中くらい、そして大きくクラブを振っていきます。また、クラブのスピードをゆっくり振ったり速く振ったり、再現性を上げるためにヘッドスピードを一定のリズム、テンポにしたりする練習もしました。

　週1回、3か月くらい教えていただいた頃、ゴルフが上手い父と一緒に練習場へ行くと「凄いなあ。いつの間にかこんなにいいスイングができるようになったんだ」と褒められたのを覚えています。その時は、ダフリやトップのミスをしないよう最下点のコントロールを意識していたので、マット上のボールに当てることは簡単でした。例えば、ボールを左足外側に置いてうまく打つには、スイングプレーンを左に向けて最下点を左にずらします。ボールを右側に置いてもスイングプレーンを右に向ければ最下点が右にくるので当てやすいです。

　基本と同時に1WやFW、UT、MI、SI、Pなど色々なクラブを練習し、5か月目に無事にコースデビューしました。先日は3回目のラウンドに行き、「1球目で合わせられるようにする」ことを心がけたら97で回れたのです。「始めて7か月で100を切れたのは凄いね」と、父や友人みんなに驚かれます。今は、スコアがどんどん縮まるのが楽しくて仕方ありません。

みんなのゴルフ体験談

ベストを15打更新、早く60台で回りたい !!

- 女子 小学5年生
- ゴルフ歴：3年 ベストスコア 89➡74 平均ストローク 98➡78
- ゴルフを始めたきっかけ：プロゴルファーになりたい

　私の目標はプロゴルファーになることです。70台や60台で回るために必要な技術を教えてもらいたくてレッスンを受けています。

　一番の悩みは、持ち球のドローボールが、調子が悪くなると大きく曲がってしまうこと。山田コーチは「曲がった原因がわからないと、直すことはできないよ。まずはボールを曲げる練習から始めよう」といいました。それまで真っ直ぐ打つ練習しかしませんでしたから意外でした。

　まず右に曲がる球、左に曲がる球、次は右に打ち出して左に曲げる、左に打ち出して右に曲げる球。その次に傾斜地からの練習を工夫して行ないました。低い球や高い球のコントロールができると、それを応用して左足上がり、左足下がりの打ち方も自ずとわかります。また、最下点の高さをコントロールすることで、つま先上がりやつま先下がりの傾斜地も打てるようになりました。ボールコントロールを練習すると、ボールの位置とスイングプレーンの最下点の関係性がわかります。それによってミスショットがほとんどなくなり、毎回クラブの芯にボールを当てることができてきました。私が4プレーン2フェースを習うことで得たものは、方向性のコントロールと、高い球低い球を打つことによってミート率も上がったことです。傾斜も打てるようになり、アイアンの距離感もよくなりました。つま先上がりやつま先下りの傾斜、ラフ、ベアグラウンドなどにも効果を発揮しています。約2か月でベストスコアの74を出しました。4か月後には平均ストロークを20打縮めて78になりました。今の目標は60台で回ることです。

　山田コーチからは、現在の平均パター数が1ホールで2.0回なので、近い将来1.7回になれば60台を出せるようになります、といわれております。

ゴルフって楽しい！

みんなのゴルフ体験談

変化に対応する力で "練習場プロ" を返上 !!

● 男性 50歳
● ゴルフ歴：30年 ベストスコア 80 ➡ 71

　つい最近まで、ある有名なコーチに10年くらいレッスンしていただきました。自慢に聞こえるかもしれませんが、身長178センチ、ドライバーの飛距離は290ヤード。仲間やゴルフ場で会う人からいつも「プロですか？素晴らしいスイングですね。悩みもないでしょう」といわれます。

　しかし、本当は悩みだらけでした。実は、練習場ではほとんどミスなく完璧ですが、コースに行くと毎回大叩きをするんです。バーディーもあればトリもあり、出入りが激しい。そこで山田コーチにラウンドレッスンをしてもらうと「傾斜地や足場が平らでない所からのショットがブレて、芯を外しています。どう外したかわかりますか？」——確かに芯を外した感覚はありますが、どう外したか？ まで掘り下げたことはありません。練習場ではいつも真っ直ぐ安定したショットでしたから。でも、それだけでは対応する技術ができていなかった。必要な練習をしていないから何年も平均ストロークが90台で止まったままなのです。そのため、練習場ではいろんな向きでボールを打つこと、ボールが曲がってもターゲットに飛ばすことを練習しました。それとランダムプラクティスです。

　打ち方や体調は毎日変化します。最もコンディションに合う打ち方を選ぶことが大切だと学びました。たとえ曲がる球でも、最高のスイングができなくても問題ありません。ボールをターゲットに飛ばせればスコアは本当によくなるんだと実感しています。日々の変化を敏感に掴み、それに合わせて自分の打ちやすい球やスイングを見つける対応力が一番重要なんですね。ついにアンダーパーの71で回れました。

みんなのゴルフ体験談

ゴルフは力じゃない! 大事なのは最下点

- 男性 30代
- ゴルフ歴：練習場3回経験　ラウンド1回経験➡4回目 91
- ゴルフを始めたきっかけ：友人の影響

　友人の影響で最近ゴルフを始めました。練習場へ3回、コースへ1回行った経験があります。周りがみんな飛ぶので、僕もボールを飛ばしたくてレッスンを受けに来ました。でも、レッスンを受けたら「今はスイング形成が重要です。3か月くらいかかりますが、そのほうが70台を出すのには結果的に近道です」と山田コーチにいわれたんです。週1回で3か月かかるなら、僕は週3〜4回猛練習しますから1か月でスイングを作ってくださいとお願いして、形は安定してきました。

　それから1か月半経ちましたが、山田コーチが開発した4p＋2fをひたすら教わっているところです。「クラブごとの特性、ボール位置、構え方をしっかり確認しましたか?それによってスイング軌道の最下点をコントロールするんですよ」何十回、何百回聞いたかわかりません。お陰で、ゴルフは力じゃない。ボールコントロールが大事なんだとわかってきました。

　スイング形成中にどうしてもコースに出たくて、行った時はスコアが数えられませんでした。が、9種類の球筋を教わった後は110。3回目は91でした。システムの理解と、打ちやすい球を打っていくことはできるようになりました。コースアウトもしなくなっています。自分では上手くなっている実感はあまりないです。1球目でアジャストすることと逆球が出た時の対応ができれば、70台は簡単に出せるような気がするんです。

みんなのゴルフ体験談

長年悩んだスライスが30分で直った!!

- 男性 40代
- ゴルフ歴：数10年
- ゴルフの悩み：特大スライスが苦手➡軽いドロー

ドライバーショットが長年ガンでした。スライスならまだマシな方で、どうしても特大スライスが出てしまう。そんなに曲がるなら最初から左を向いて左からスライスを打とうとしても、わりと真っ直ぐ出て、右のラフやOBまで90度くらい曲がってしまうのです。グリップもこれ以上ないストロングで握っています。山田コーチに見てもらうと「インパクトでフェースがかなり右を向いていますね。これだと、どんなに左を向いてもスライスは直りませんよ」というのです。

私はターゲットラインより左を向いてアウトサイド・イン軌道でクラブを振っていたようです。しかし、インパクトでフェースが開いているから出球は右へ出てしまい、そこからアウトサイド・インが強いぶん大きく右へ曲がっていたのです。プラスして、山田プロから「完全に振り遅れています」と指摘されました。ストロンググリップなのにフェースが開いてしまうのは、今までずっとスイング中に手を返してはいけないと思い込んでいたから。でも実際はプロでも手は自然に返っているとアドバイスされました。

それらを考慮し、まず左へ向くのをやめました。それでもインパクトでフェースが右を向くのは直らないのでもっと右に飛びます。そこで、インパクトで左手の甲を地面に向けるよう手を返す動きを取り入れました。そうすると打球は今度はギュンと左へ引っかかりますので、グリップをスクェアにしました。するときれいなドローボールが! 長年悩んだスライスが30分で直ったのです。ちなみに「特大スライスは使えることがあるから忘れない方がいいですよ」とのアドバイスも大事にしたいです。球筋のバリエーションが増えてよかったと考えています。

おわりに

2019年10月——私は本書でモデルを務めてくれた松岡勇作プロとともに、日本で開催された初の米ツアー「ZOZOゴルフトーナメント」の会場となった千葉県・習志野カントリークラブにいました。松岡プロが東北福祉大学ゴルフ部4年で主将を務めたとき1年生として入部してきた松山英樹プロに会うためでしたが、私たち2人の目的は当然のごとく世界のトッププロのスイングや球筋をこの目で確かめることにもありました。

　公開練習日に先立ち、タイガー・ウッズ、ローリー・マキロイ、ジェイソン・デイ、そして我らが松山英樹の4人でスキンズマッチが行なわれました。この日のスタート時間は遅く、翌日からの天候が危ぶまれていたからかタイガーがエキシビションのかなり前に練習場へ現われました。衆目を集めるなか最初の2～3球は30～40ヤードを打ち、その後は一球ごとにターゲット設定を変えて打ち始めたのです。ドロー、ドロー、フェード、ドロー、ドロー、フェードと、左右を打ち分けた球筋が見えました。私と松岡プロは顔を見合わせました。

「やっぱりタイガーもランダムプラクティスをしている!」

　ランダムプラクティスというのは、さまざまなターゲットや距離に、さまざまなクラブで打ち分ける練習です。少ない繰り返しで複数の打ち方をランダムな順番で行なうことによって、コースで距離感が合うなどより実戦に強くなる練習法です。米ツアーのトッププロは、ほとんどこのように、一球ごとに目標も球筋も変える練習を取り入れているのです。

　タイガーは、その後のスキンズマッチでショットを曲げて林に入れたり、ラフからフライヤーさせてグリーンオーバーしたり、大きくショートさせたりしていました。本来はコースでこのようなミスをしないようスタート前にランダムプラクティスで仕上げるのですが、本戦で優勝したことを考えれば、もしかしたら、このエキシビションマッチさえタイガーにとっては本戦のための実戦練習の位置付けで、いろいろな球を試していたのかもしれません。

　ご参考までに、アマチュアのほとんどの人が行なっているのはブロックプラクティスで

す。この練習法は同じクラブで同じ距離を打ち続けるためスイング形成など体の動きを覚えるのには確かに有効ですが、その反面、真っ直ぐな球しか打てない（打とうとしない）、番手ごとの打ち方や距離の違いを把握できないといったデメリットもあります。

　本書で私が提唱する4p＋2f理論は、ランダムプラクティスのように少ない反復で複数のテクニックを同時に覚えていけるように展開しています。ゴルフを始めて4か月まではブロックプラクティスでスイング形成をし、その後はランダムプラクティスによってブラッシュアップさせます。実際にコースを回るときは、そこから打てるのはたった1回だけ。しかもドライバーを打ったら第2打は必ず違うクラブを持ちます。ライも、距離も、使うクラブも一球ごとに変わるのですから、ラウンドこそまさにランダムなのです。

　さて、本書を読み進めながら一通り練習してくださった皆様には、ぜひもう一度お読みいただけますようお願いします。2回目は最初よりずっと易しく感じ、腑に落ちるからです。冒頭にお話ししたように、80を切れない方はボールコントロールができていませんが、70台で回れる方はほとんどボールコントロールができています。ボールコントロールができない人は、何度コースを回っても80台の平均ストロークが限界ですが、本書に沿ってボールコントロールの練習を行なった方は、70台のスコアを出すためのノウハウと力をつけたはずです。今までボールコントロールができなかったのは、そのやり方を知らなかったからに過ぎません。ボールコントロールができ、それをどのように活用するのかわかれば、70台を安定して出せるようになるでしょう。

　多くのゴルファーは上達法を勘違いして、遠回りをしたり、立ち止まったりしています。山登りでいえば、皆が行く道がよさそうだと進んだところ2〜3合目をぐるりと一周回ってしまったようなものです。それでも年数をかけて5合目までは行けるかもしれません。しかし、頂上まで行くには頂上につながる道を自分で見つけて進むしかありません。正しい道を行けば、勾配は少し急になりますが頂上は近いです。進みさえすれば必ず辿り着けます。

　4p＋2f理論はそのようなものです。球筋のコントロールを身につけ、自分なりにカスタムメイドして使いこなせる人が上手くなります。78以下のスコアを出す知識と力が身につきます。本書が、一人でも多くの方に頂上からの新しい景色を見られる一助になりますよう、願ってやみません。

プロフィール

著者
やまだ　ただし
山田 直知 (5UNDERS GOLF代表)

5UNDERS GOLF東京、ツアープロコーチ。最先端弾道弾測定器 flight scopeと出会い、D-Plain (新飛球の法則) を使いレッスンレベルを向上。その理論の普及・指導を通して、日本の多くのプロゴルファーやツアープロを指導するプロコーチにも飛球の法則をアドバス。現在は、D-Plainをわかりやすく改良してスイング形成に取り入れた「4プレーン＋2フェース」という練習方法を考案。複雑なゴルフを出来るだけ簡単にすることに成功。[資格]PGA　A級ティーチングプロ・AMWA先端医科学ウェルネスアカデミートレーナー・TPIトレーナー・整体師

プロフィール

モデル・協力者
まつおか ゆうさく
松岡 勇作 (5UNDERS GOLF認定特別コーチ)

1988年生まれ。世界に通用するジュニアゴルファーの育成で知られる坂田塾の門を叩く。ゴルフの名門である沖学園中学、同高校、東北福祉大ではいずれもゴルフ部主将を務め、トップアマとしても活躍。大学では池田勇太、藤本佳則、松山英樹ら、後にトッププロとなるチームメイトたちと練習に励んだ。2011年プロに転向し、国内トーナメントに出場。プロの試合で培った経験をベースに、山田直知コーチに「4p＋2f」理論を学び、ゴルフ上達における様々な活動を行っている。

企画・進行　　　　　　湯浅勝也
販売部担当　　　　　　杉野友昭　西牧孝　木村俊介
販売部　　　　　　　　辻野純一　薗田幸浩　亀井紀久正　平田俊也　鈴木将仁
営業部　　　　　　　　平島　実　荒牧義人
広報宣伝室　　　　　　遠藤あけ美
メディア・プロモーション　保坂陽介
FAX：03-5360-8052　Mail:info@TG-NET.co.jp

協力／松岡 勇作 (5UNDERS GOLF 認定特別コーチ)
撮影協力／鎌倉パブリックゴルフ場

最速！ゴルフ上達「4plane + 2face」メソッド
～ボールコントロール出来れば！70台 誰でも出せる！～

2020年 11月 1日　初版第 1刷発行

著　者　山田直知

発行者　廣瀬和二

発行所　辰巳出版株式会社
　　　　〒160-0022
　　　　東京都新宿区新宿 2丁目 15番 14号 辰巳ビル
　　　　TEL　　03-5360-8960 (編集部)
　　　　TEL　　03-5360-8064 (販売部)
　　　　FAX　　03-5360-8951 (販売部)
　　　　URL　http://www.TG-NET.co.jp

印刷・製本／図書印刷株式会社

本書の無断複写複製(コピー)は、著作権法上での例外を除き、
著作者、出版社の権利侵害となります。
乱丁・落丁はお取り替えいたします。小社販売部までご連絡ください。

©TATSUMI　PUBLISHING CO.,LTD.2020
Printed in Japan
ISBN　978-4-7778-2458-8　C0075